KB234209

성공한 사장의
노하우를
훔쳐라

HOW TO SALVAGE MILLIONS
FROM YOUR SMALL BUSINESS
by Ron Sturgeon & D.L. Fitzpatrick

5~6인 회사 사장의 101가지 생존법칙

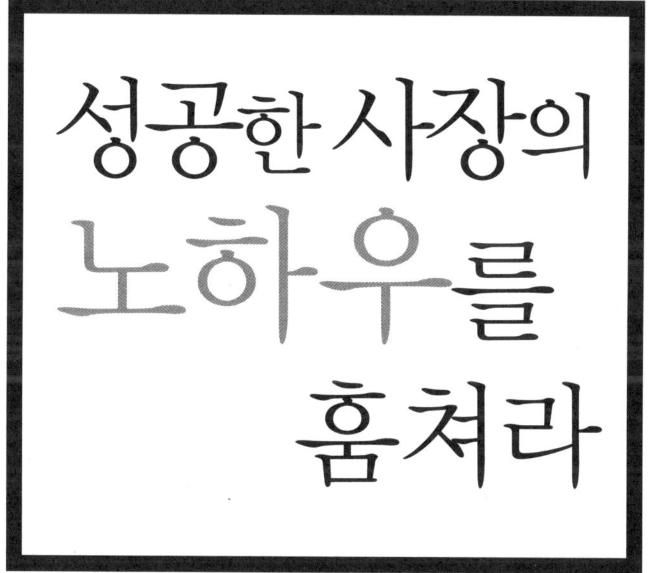

성공한 사장의 노하우를 훔쳐라

론 스털전, D.L. 피츠패트릭 지음 | 노하우 옮김

이코_북
Eco. Book

How to salvage millions

　책을 써야겠다는 생각이 처음으로 든 것은 몇 년 전 화훼업계에 있는 한 친구가 사업을 키우려면 어떻게 해야 하는지 물어왔을 때였다. 그는 내가 자동차 재생업계에서 꽤나 큰 성공을 거두었다고 생각했고, 내가 고등교육을 받지 않았다는 사실을 알고 있었다. 그래서 내가 이런 유형의 사업에서 어떻게 그토록 많은 사업적 성취를 이뤄냈는지 알고 싶어했던 것이다.

　내게는 아들이 세 명 있는데, 모두 자동차 재생사업장을 운영하고 있다. 나는 그들에게 사업자금을 대준 적이 결코 없지만, 언제나 경험을 들려줌으로써 그들을 도왔다. 나는 그들이 좋은 학생이었기에 모든 일을 잘해낼 수 있었다고 자랑스럽게 밝히며, 나 스스로도 좋은 선생이었다고 생각한다. 하지만 세 아들은 끝없이 노력하면서도 언제나 내게 사업을 발전시킬 방법을 묻는다. 또한 사업을 빠르게 성장시킬 수 있는 방법을 알고 싶어하고, 내가 누렸던 성공을 누리고 싶어하는 듯하다.

　나는 여러 분야에서 소규모 사업을 하는 다른 몇몇 친구들도 똑같은 바람을 갖고 있다는 사실을 알게 되었다. 내가 믿기로는, 철학자의 이론적인 책들을 읽는 데 시간을 낭비하고 싶어하지 않는 소규모 사업가들이 꽤 많다. 그들은 사업을 연구해왔지만 비범한 성공을 누린 적이 없는 사람들이다. 그들은 자신들이 제네럴 모터스 같은 회사를 운영할 수 없다는 사실을 잘 알지만, 현재보다 더 많은 것을 갖기 위해 무엇을 어떻게 해야 할지 전혀 모르는 사람들이다. 그들이 이 책의 독자다.

내가 자동차 재생업계에서 성공할 수 있었던 몇 가지 커다란 요인들을 들자면 다음과 같다.

□ **사업과 관련한 모든 것을 읽어라**

나는 모든 것을 독학한다. 교재는 널려 있지만, 그것을 모두 내 것으로 만들려면 왕성하게 책을 읽지 않으면 안 된다.

□ **열심히 일하려는 의지를 실천으로 옮겨라**

나도 젊었을 때는 육체 노동을 많이 했지만, 꼭 육체 노동만을 뜻하는 것은 아니다. 독서도 열심히 일하는 것에 해당한다.

□ **정리하는 기술을 길러라**

나는 강력한 네트워킹을 위해 전자 수첩을 쓰는데, 이것은 아주 많은 노동 시간을 짜낼 수 있도록 도와준다.

□ **좋은 신용을 유지하라**

가진 돈만 활용했다면 지금과 같이 성장할 수 없었을 것이다. 나는 더 많은 돈이 필요했고, 좋은 신용과 효과적인 은행 거래를 구축하고 유지함으로써 성장할 수 있었다.

나는 성공적인 사업가들을 적어놓은 긴 목록에 겨우 들어갈 정도이지만, 나같이 보잘것없는 사업가의 몇 가지 아이디어가 당신이 더 큰 성공을 거두는 데 조금이나마 도움이 되었으면 하는 바람이다. 이 책에 논의된 내용들을 열정적으로 활용하고, 또한 더 많은 자원들을 구한다면 당신은 실로 엄청난 성공을 할 것이다.
— 론 스털전

론이 내게 와 책을 써보자고 제안했을 때 나는 흥미는 있었지만 무슨 이야기를 해야 독자들에게 도움이 될 수 있을지 언뜻 떠오르지 않았다. 그러다가 주변 사람들이 우리 집안이 어떻게 70년 넘게 사업을 계속할 수 있었는지 여러 차례 물었던 사실을 떠올렸다.

나는 지난 몇 년 동안 그러한 질문에 여러 차례 대답해왔으므로 이런 대답들을 글로 옮긴다는 생각은 내게 의미 있게 다가왔다.

내가 하고자 하는 이야기와 그 배경은 매우 이해하기 쉬울 것이다. 나는 내가 누구와 특별히 다르다고 생각지 않는다. 하지만 사업을 통해 좋은 교육과 기회를 얻었다는 점에서 운이 좋은 사람임에 분명하다. 우리 집안에는 강한 신념을 가진 파워 리더들이 있고, 그들은 시간을 들여 내게 그런 신념들을 가르쳐주었다.

나의 충고를 간략히 정리하자면, 지혜롭게 그리고 열심히 일하라는 것이다. 그러면 성공이 따라온다.

내게 교육은 성장 과정에서 하나의 토대가 되었으며, 나는 교육을 선택 사항으로 여기지 않았다. 배우는 데 힘써야 한다는 사실이 중요한 까닭은 그것을 통해 학습 방법, 임무를 완수하는 방법, 다른 사람들과 소통하는 방법을 배울 수 있기 때문이다.

학습은 삶의 여러 측면에서 반드시 필요한 것이지만, 특히 사업을 하는 데 매우 중요하다. 그렇다고 건실한 교육을 받는다는 것이 반드시 좋은 학교에 다니거나 많은 학위를 따야 한다는 뜻은 아니다. 당신은 다른 원천들, 즉 멘토, 풍부한 독서, 클럽과 협회, 시행착오를 통해 훌륭한 교육을 받을 수 있다. 가장 중요한 점은 당신이 배우기를 원해야 한다는 것이다. 결코 억지로 할 수 있는 일이 아니기 때문이다.

이 책이 알려주고자 하는 바를 요약한다면, '절대 포기하지 마라!' 이다. 나는 하지 말아야 할 곳에서 실수를 하고, 실패를 했으며, 어리석은 결정들을 내린 적이 있다. 물론 누구나 그럴 것이다. 이때 당신의 성공 여부를 결정하는 것이 바로 실수에 대한 대응이다.

성공을 찾는 당신의 모험에 이 책에 실린 아이디어들이 조금이나마 도움이 되길 희망한다.

— D.L. 피츠패트릭

성공한 사장의 비즈니스 마인드

성공한 사장의 비전을 훔쳐라

성공한 사장의 마케팅과 세일즈

chapter 6

성공한 사장의 고객 관리

chapter 7

chapter 8

성공한 사장의 브랜드 관리

chapter 1

성공한 사장의 비즈니스 마인드

| 재정보고서를 활용하라 |

이 장에서는 재정보고서(financial statement)의 중요성에 대해 알아보겠다. 재정보고서는 사업에서 운영 기준 수치(operating metrics)가 차지하는 중요성과 활용 방법을 살펴볼 수 있는 핵심적인 도구다. 물론 재정보고서를 한 번도 펼쳐보지 않더라도 기준 수치들만 제대로 파악한 뒤 올바른 기준에 맞춰 결정을 조정해나간다면 좋은 결과들을 얻을 수 있다.

이윤이란 총비용과 순매출 사이의 차액이다. 당신은 숫자를 추적하고 통제하며, 날마다 들어가는 비용을 주시하는 가운데 그에 맞는 결정을 내림으로써 이윤을 얻는다.

대부분의 사람들은 재정보고서를 이해하지 못한다. 만일 당신도 그렇다면 재정보고서를 이해하기 위해 필요한 도움을 받아라. 방법을 찾아라. 지역 대학이나 학원에 가면 많은 강좌가 개설되어 있다. 이 주제를 다루는 책들도 많다. 전문 회계원이나 공인회계사를 방문하여 이 분야에 대한 지식을 얻어라. 이 윤을 얻기 위한 노력 가운데 핵심적인 도구의 중요성을 깨닫는 일이 우선이다. 재정보고서를 어려워 하지 말고, 기준 수치들을 살펴보는 일이 즐거움을 주기도 한다는 사실을 잊지 마라.

재정보고서 보는 법에 대해서는 이 책에서 따로 설명하지 않겠지만, 재정보고서를 이해하는 일이 얼마나 중요한가에 대해서는 당신에게 꼭 새겨주고 싶다.

우리의 경험에 비춰볼 때 대부분의 소규모 사업주들은 월별 재정보고서를 작성하지 않고, 한다 하더라도 세금을 내야 하는 시기가 되면 그것을 쓰레기통에 버리거나 서류철에 끼워 처박아두기 일쑤다. 재정보고서에 대한 분석은 당연히 해야 하는 일인데도 하지 않는다. 이것은 크나큰 잘못이다. 월별 재정보고서를 이해하면 재무와 관련한 많은 실마리들을 얻을 수 있다.

이윤은 총비용과 순매출 사이의 차액임을 잊지 마라. 자금이 들어오고 나가는 데 비용을 점검하지 않으면 판단 과정에서 실수를 발견하지 못한다. 왜 이윤을 내고 있는지, 혹은 왜 내지 못하고 있는지 그 중요한 이유들을 놓칠 가능성이 있다.

이윤이 어떻게 발생하는지를 점검하지 않는다는 것은 손실이 어떻게 발생하는지 점검하지 않는다는 뜻도 된다. 수입의 근거를 밝혀내고 지출 내역을 따지지 않는데, 어떻게 사업 운영을 통해 이윤을 기대할 수 있겠는가? 그것이 올바른 판단을

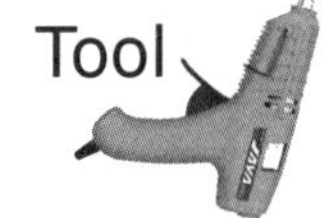

Tool

재정보고서를 만들고 활용하는 법에 서툴다면 전문가에게 도움을 구하고, 이 중요한 경영 도구를 곧바로 활용하라.

Action!

재정보고서의 적절한 활용을 위해 한 달에 한 번 회계사와의 회의를 계획하라.

내릴 수 있는 유일한 방법인데 말이다.

당신이 오르는 긴 오르막길에는 표지판이 있다. 표지판은 성공으로 가는 길을 가리키고 있다. 금은보화가 가득한 그곳에 실제로 도달하기 위해서는 여러 단계의 언덕을 넘어서야 한다는 사실을 알게 될 것이다.

첫 번째 표지판이 있는 곳까지 오르기 위해서는 당신의 오르막 과정을 점검해야 한다. 그렇지 않으면 점점 더 옆길로 새거나 아래 방향으로 걷게 된다. 옆길로 빠진 사람은 흔히 "그렇게 열심히 일하는데도 아직 성공하지 못하다니 이해할 수 없군"이라고 말한다. 이런 사람은 야심은 있으나 자신의 오르막 과정을 점검할 필요를 느끼지 못하고 있다.

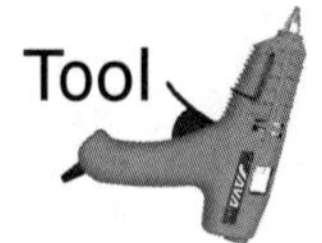

대개 전문가를 찾아가 배운 사람이 형편이 나아지는 이유는 배우면서 쌓은 학습 내용을 자신이 처한 특수 상황에 적용하기 때문이다. 이렇게 하는 것은 너무나 당연한데도 많은 사람들이 도움을 구하지 않고 있다. 그들이 한 달에 300달러에서 500달러를 들여 배우려 하지 않는 이유는 그렇게 하지 않아서 잃는 돈이 얼마나 많은지 모르기 때문이다. 또 소프트웨어나 책을 뒤지면서 독학을 하려고 애쓰는 사람들도 많다. 몇몇 사람들에게는 독학이 효과적일 수 있겠지만 전문가를 찾아가면 더욱 빨리 배울 수 있다.

회계사에게서 배우는 사람들은 스스로 재정보고서를 이해할 수 있을 때까지 다달이 적어도 30분씩은 그와 함께 재정보고서

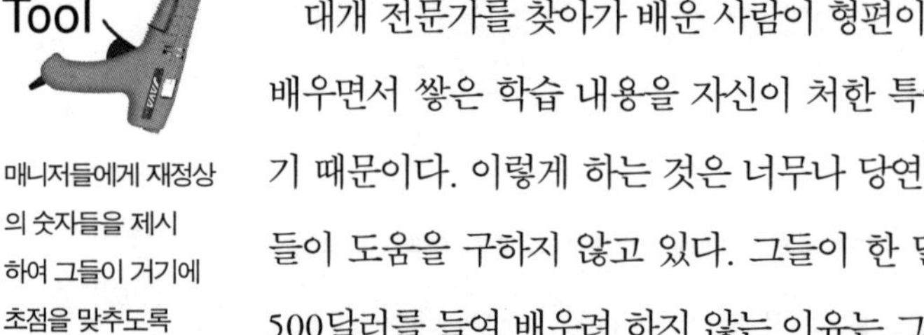

Tool

매니저들에게 재정상의 숫자들을 제시하여 그들이 거기에 초점을 맞추도록 도와라.

를 검토할 것을 제안한다. 회계사는 당신이 혼자서 알아내려고 하면 꽤 오랜 시간이 걸리는 내용들을 짧은 시간에 가르쳐줄 수 있다. 또한 당신이 이해의 틀을 잡아나가는 동안 질문에 대답해줄 수 있다. 이렇게 빨리 전문가의 안내를 받는 편이 유리하다. 일단 재정보고서에 관해 실제적인 지식을 갖췄다고 생각하면 재정보고서를 갖고 다니면서 분석하는 습관을 길러라.

당신의 월별 재정보고서는 진척 현황을 보여주는 로드맵이다. 그것들은 당신이 곤경에 빠졌는지, 후퇴하고 있는지 등을 보여준다. 재정보고서를 활용하여 유리한 방향으로 나아가라.

만일 사내(社內) 소프트웨어를 이용하기로 결심했다면 그 소프트웨어의 진정한 잠재력을 활용할 줄 아는 사람을 찾는 것이 좋다. 혼자서 배우는 실험 따위는 하지 마라. 이 지식은 당신의 사업에 너무나 중요하다. 이 지식을 얻느냐 못 얻느냐에 따라 당신의 이윤과 궁극적인 성공이 크게 좌우된다.

당신이 이 지식을 갖추기 시작했다면 재정보고서의 정보를 적어도 일부의 매니저들과 직원들에게 나누어주는 것을 고려해보라. 어디까지 공개할 것인가가 문제라면 회사 경영진에게만 중요한 항목들이나 직원들의 통제권 내에 있는 항목들의 정보를 나누어줘라.

재정보고서의 내용은 당신의 사업이 왜 이윤을 못 내는지, 왜 엉뚱한 방향으로 흐르는지 그 이유들을 밝혀줄 것이다.

언덕을 올라서고 싶은가? 그렇다면 월별 재정보고서를 읽

Action!

월별 재정보고서와 운영 기준 수치를 살펴보겠다고 결심하라.

고 활용하는 법을 배워라.

❙ 운영 기준 수치를 활용하라 ❙

성공을 거두기 위해서는 운영 기준 수치의 활용이 일상적인 재정보고서 점검보다 훨씬 더 중요할 수도 있다. 왜 그럴까? 운영 기준 수치는 당신의 경영 판단에 따른 성과를 측정할 수 있는 수단을 제공하기 때문이다.

당신이 종사하는 분야에 그 같은 기준들이 있다면 그것들을 구하라. 어쩌면 협회에서 업계의 일반적인 조건에 기초하여 당신이 점검해야 할 일련의 중요한 항목들을 제시해줄지도 모른다. 그리고 당신의 회계사에게 업계 표준에 대해 물어보라.

당신이 자동차 재생업에 종사하지 않더라도 우리가 이윤을 얻기 위해 고려하는 것을 비교할 수 있으리라고 본다.

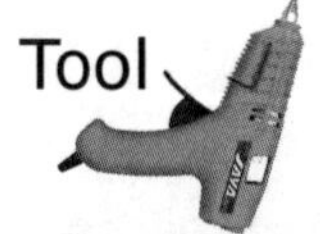

운영 기준 수치의 활용은 직관적인 일이다. 당장 운영 기준 수치에 대한 공부를 시작하라. 목표는 사업을 숫자로 보는 법을 배우는 것이다.

☐ 재생을 위해 구매한 자동차 수량

☐ 직원 한 사람당 해체한 자동차 수량

☐ 일일 주문장 숫자

☐ 고객 전화 건수

☐ 일일 매출

☐ 영업사원 한 사람당 매출

위 내용은 운영 기준 항목을 서술한 것으로, 일반적으로 컴퓨터나 공책의 도표 용지에 기록된다. 당신의 사업에 중요한 사항이 무엇인지 알아내는 일은 그다지 어렵지 않다. 어떤 결정에 따른 활동과 비용들을 생각해보라. 그리고 스스로에게 "내가 무엇을 바꾸면 이윤을 늘릴 수 있을까?" 같은 질문을 던져보라.

당신은 업무 수행을 비교함으로써 언제나 다른 회사들을 벤치마킹할 수 있다. 다른 업계에 있는 동료들이나 사업 친구들에게 그들이 자신들의 사업을 더 잘 이해하기 위해 무엇을 점검하는지 물어봐도 좋다.

의미 없는 자료들을 찾아보느라 시간을 낭비하지 마라. 일을 해나가면서 정보들을 선별하면 된다. 항목을 10개 이하로 유지하기 위해 노력하라. 의미 있는 자료들을 점검하면 전혀 상관없는 것들을 뒤쫓을 때보다 훨씬 더 빨리 이윤을 낼 수 있다.

이윤에 직접적인 영향을 미치는 사항들을 추적하라. 그리고 그에 맞게 결정을 내려라. 그것이 바로 운영 기준 수치를 점검함으로써 얻을 수 있는 이익이다. 운영 기준 수치를 활용하면 흐름과 질서가 보인다. 이윤에 도움이 되는 사항은 그대로 유지하고, 손해를 끼치거나 발전을 가로막는 요소에 대해서는 과감히 수정하라.

운영 기준 수치들을 활용하여 이윤에 직접적인 영향을 미치는 것들을 추적하라.

▮점검을 통해 추세를 파악하라▮

기록으로 남겨둔 자료가 당신에게 어떤 도움이 될까? 자동차 재생업계에서는 한 소유주가 여러 개의 작업장을 갖는 경우는 매우 드물지만, 론은 여섯 군데의 작업장을 가동하면서 포드 자동차 회사의 자회사인 그린리프사에 물건을 팔았다. 친구와 동료들은 이따금 론에게 어떻게 그렇게 할 수 있는지 물으면서, "자네 그러다가는 분명 미쳐버리고 말 거야!"라거나 "난 하나도 제대로 하기 힘든데, 자넨 어떻게 여섯 군데나 운영하나?"라고 덧붙이곤 했다.

이에 대해 론의 대답은 언제나 긍정적이었다. 론은 자신의 사업 영역에서 무엇을 제대로 운영하지 않으면 손해를 입는지 정확히 알고 있었기 때문이다. 그는 우리가 이 장에서 논의하고 있는 그대로, 운영 기준 수치를 보여주는 주간 도표들을 이용하여 이런 사항들을 끊임없이 점검했다.

매주 금요일이 되면 론은 각 작업장에서 그 주에 직원들이 얼마나 많은 차들을 해체했는지 정확히 파악했다. 그리고 매주 월요일이 되면 지난 금요일에 파악한 숫자들에 근거하여 점장들에게 어떤 충고를 할지 정확히 알고 있었다.

론은 "당신이 점검하고 있는 항목은 한 번에 너댓 개를 넘지 않을 겁니다. 그냥 자료를 받으세요. 나는 이것들을 파동 점수(pulse points)라고 부릅니다. 그것을 약식으로 된 기준 수치 기

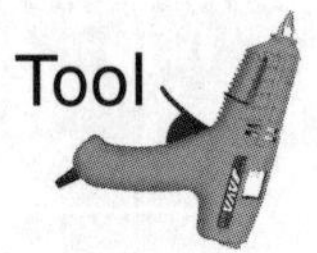

Tool

많은 소유주들이 모든 것을 꼼꼼하게 통제하려고 애쓴다. 이것은 시간 낭비일 뿐 아니라 성공하기 위해 꼭 필요한 것들에 초점을 맞추지 못하게 한다.

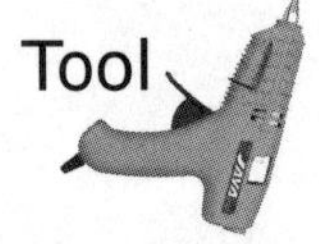

Tool

큰 조직을 경영할 때는 운영 기준 수치를 점검하면 더욱 편안해질 수 있다. 따라서 늘 정보를 기록해야 한다.

록지에 적은 뒤 주말에 그 자료를 보고 생각합니다. 당신이나 직원들이 그 숫자에 긍정적인 영향을 미치기 위해 무슨 일을 해야 하는지 자문해보세요. 이런 행동이 습관화되면 그것이 핵심적인 경영 도구임을 알게 됩니다. 매주 이런 식으로 몇 가지 운영 기준들을 점검하기만 해도, 당신은 업계에서 평범한 사람이 아닌 중요한 사람으로 성장할 수 있습니다"라고 말한다.

물론 당신은 올바른 사항들을 점검해야 하고 거기에 맞게 올바른 판단을 내림으로써 사업에서 이윤이 나도록 계속 조정해야 한다. 회사가 커질수록 '피의 흐름', 또는 자금 입출에 영향을 미치는 '파동 점수'를 지켜보는 일은 점점 더 중요해진다.

이제 당신 회사에서 나타나는 흐름을 점검하는 일이 얼마나 중요한지 알겠는가? 아직 몰라도 걱정할 것 없다. 다음 장에서 계획 수립과 목표 설정을 살펴보면 더욱 분명하게 알 수 있을 것이다.

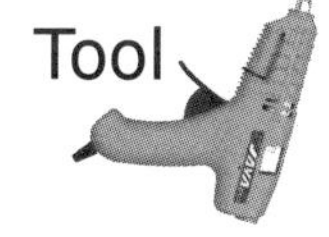

Tool

파동 점수는 당신이 앞으로 나아가고 있는지 아니면 후퇴하고 있는지를 보여주는 숫자들이다.

❙주인의식을 심어라❙

추세는 올라가기도 하고 내려가기도 한다. 하지만 어느 쪽으로도 움직임이 분명하지 않을 때는 어떻게 해야 할까? 당신이 할 수 있는 일은 무엇일까? 어떤 목표를 세워야 당신이 점검하고 있는 특정 수치가 긍정적인 방향으로 전환할 수 있을까?

당신은 사업의 미묘한 사안들을 점검함으로써 긍정적인 조치를 취할 수 있는 열쇠들을 쥐고 있다. 만일 당신이 운영 기준 수치를 전혀 살피지 않거나 기록만 해두고 서랍에 넣어둔 채 원인과 결과를 생각하지 않는다면, 추악하고 변덕스러운 외부의 힘에 회사가 휘둘리도록 놔두는 꼴이 된다. 즉 당신이 열쇠들을 집어들고서 사업이 한 발짝도 전진하지 못하게 막는 원인이 무엇인지 분석하지 않으면 상황은 좀처럼 변하지 않는다.

우리는 여기서 당신을 위해 요점을 분명하게 정리하고자 한다. 운영 기준 수치는 괄목할 만한 성공을 거두려는 바람을 가진 당신이 개발할 수 있는 중요한 도구들 가운데 하나다. '운영 기준 수치'란 상향 추세를 유지하기 위해 점검해야 하는 것들을 측정하는 방식이다.

당신이 더 큰 조직을 운영한다면 매니저들로 하여금 각자의 수치를 금요일마다 제출하게 하라. 그들이 보고한 수치가 당신의 이윤 목표에 유익한 영향을 미칠 때는 그들에게 보너스를 지급하라.

오늘날 미국의 많은 기업들이 회사의 영업이익에 따라 매니저들에게 보너스를 지급한다. 우리는 이 방법이 옳지 않다고 생각한다. 우리가 매니저들에게 보너스를 지급할 때는 그들이

회사를 운영할 때는 30,000피트 상공에서 하고, 매니저들에게 관리를 맡길 때는 2,000 피트 상공에서 하는 법을 배워라.

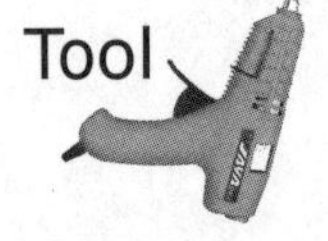

직원들에게 보너스를 지급할 때는 그들이 수익을 위해 무엇을 성취했느냐에 근거를 두라.

우리를 대신하여 성취해주기를 바라는 바에 근거한다. 즉 우리가 영업부장들에게 보너스를 지급하는 경우는 매출 기준 수치를 점검한 뒤 세운 목표에 그들이 도달할 때다. 우리가 관리부장들에게 보너스를 지급하는 경우는 운영 기준 수치를 점검한 뒤 세운 목표에 우리가 도달하도록 그들이 도움을 줄 때다. 우리가 생산부장들과 직원들에게 지급하는 보너스는 생산량에 의해 좌우된다. 우리가 배송 운전자들에게 보너스를 지급할 때는 배송 실적이 근거가 된다. 이와 같은 보너스 지급 방식은 매니저들로 하여금 초점을 모으게 하여 우리 모두가 원하는 이윤을 가져올 뿐 아니라 회사의 성공에 기여하지 않는 사업 부문들은 고칠 수 있다는 게 우리의 믿음이다.

당신이 사업의 기준 수치를 점검하고 그에 따라 결정을 내릴 때는 그 속에 이미 이윤이 있다. 당신의 직원들이 각자 맡은 기준 수치에 초점을 맞추고, 각자의 역할을 제대로 수행한다면 이윤은 보장된 것이나 다름없다.

당신은 첫 번째 기준 수치들이 모이는 90일 이내에 어느 직원이 이윤에 가장 긍정적인 영향을 미칠 수 있는지 판단할 수 있어야 한다. 그들이 바로 보상 대상이 되어야 할 사람들이다. 이를 통해 당신은 또 어느 직원, 어느 부서가 뒤처지고 있는지도 알게 될 것이다.

그것은 풋볼팀이 커다란 성공을 거두는 방식 아닌가? 팀에 속한 모든 사람들이 경기 결과에 대해 중요한 역할을 하는 것

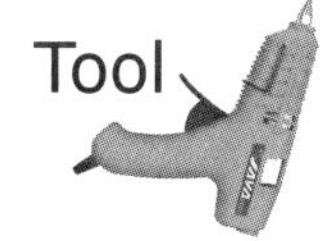

Tool

운영 기준 수치를 점검하면 회사에 수익을 가져다주는 활동이 무엇이고 그렇지 않은 활동이 무엇인지 곧 알게 될 것이다.

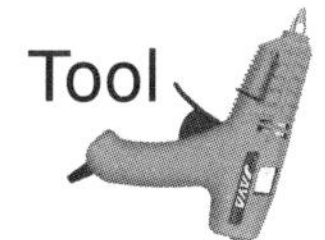

Tool

매니저들은 당신을 위해 운영 기준 수치들을 기록하는 일이 자신들에게도 이득이라는 사실을 곧 알게 될 것이다.

말이다.

모든 사람이 자신이 해야 하는 일에 초점을 맞추고, 각 선수들이 최대한의 능력을 발휘하기 위해 자신의 몫을 다하고 실력 향상을 위해 노력한다면, 그 팀은 시즌이 끝날 무렵 뛰어난 성적을 올릴 가능성이 매우 높다.

만일 당신이 모든 사람들에게 최종 실적에 따라 이익을 나눠주겠다고 하면 그들은 자신들에게 통제권이 있다는 생각을 하지 못한다. 이런 접근방식은 지나치게 간접적이고 지나치게 관념적이다. 그들은 거기에 적응하지 못한다. 그 수치가 그들에게 의미가 없는 이유는 성취가 불가능해보이기 때문이다. 그들은 이런 형태의 경영 방식 아래에서는 자신들의 일이 실제로 회사 이윤에 영향력을 미친다고 이해하거나 믿지 못한다. 직원들은 최종 실적이 어디에 있는지 알지 못한다.

그러나 만일 당신이 직원 각자의 통제 영역 속에 있는, 이윤을 증가시키려는 측정 가능한 긍정적인 노력에 근거하여 보너스를 지불하겠다고 말하면 그들은 주인의식을 갖고 헌신한다. 당신의 이득이 곧 자신들의 이득이 되기 때문이다. 그 이득은 급여 외에 그들이 손에 쥘 수 있는 수입이다.

일정한 여건이 되면 당신은 직원들에게서 다른 것도 얻을 수 있다. 눈에 보이지 않는 '충성심' 말이다. 보너스는 일반적으로 동기를 불러일으킨다. 하지만 늘 충성심을 불러일으키지는 않는다. 충성심은 일정 부분 당신의 행동을 통해 전달되는

Tool

운영 기준 수치들을 추적했을 때 긍정적인 영향을 미친 모든 직원들에게 보상할 방법을 마련하라.

신뢰와 존경에서 비롯된다. 모든 소유주나 경영자가 충성심을 자아내지는 못한다. 하지만 직원의 충성심은 오래 지속되어 당신이 번영을 향해 나아가도록 돕는다. 충성스러운 직원은 분통을 터뜨리는 고객들 앞에서 당신이나 당신의 회사를 변호해준다. 심지어 불만에 찬 고객들의 마음까지도 바꿔놓을 수 있다.

소유주의 손에 좌지우지되는 작은 회사에서 이윤 분배가 문제를 일으키는 까닭은 소유주가 회사 비용으로 벤츠를 몬다거나 개인적으로 쓰려 하기 때문이다.

직원들은 그런 허세가 이윤에 영향을 미친다는 사실을 알고 있다. 그러므로 그들이 회사에 긍정적인 영향을 미치는 일에 보상을 해줘라. 이때 보상은 당신이 점검하는 기준 수치에 근거해야 한다. 직원들은 자신들의 일과 관련한 이런 보상을 통해 새로운 힘과 에너지를 발견할 것이다.

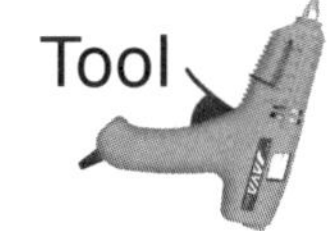

직원들 각자의 업무 영역 속에서 특정한 목표가 달성되었을 때 보너스를 지급하는 것이 일의 성과에 훨씬 더 많은 동기를 부여해준다.

▌과학적으로 벤치마킹하라 ▌

벤치마킹은 흥미로운 기법이지만 이것을 제대로 이해하거나 올바로 활용하는 소규모 사업주들은 거의 없다. 벤치마크란 다른 회사들이나 당신 자신이 설정하는 표시나 목표, 기준점이다. 당신은 벤치마크를 설정할 수 있고, 그것을 정할 때 직원들의 도움을 받을 수도 있으며, 거기에 도달하기 위해 여러 가지 노력을 기울인다.

당신은 사업을 경영할 때 운영 기준 수치를 이용하여 발전 정도를 벤치마킹한다. 사업 영역에서의 벤치마킹은 자신이 어느 분야에서 경쟁하고 있는지 이해하는 데 도움이 된다. 사업을 처음 시작해 자리를 잡으려는 사람이라면 누구나 성공을 위해 경쟁해야 한다는 사실을 깨달아야 한다. 벤치마킹은 더욱 효율적으로 경쟁할 수 있도록 소유주를 돕는다.

당신은 경쟁자들의 성과를 벤치마킹해야 하지만, 현재의 성과 수준에 비추어 자신의 발전 정도도 벤치마킹해야 한다. 매출은 월별이 아닌 일별로 점검하고 살펴라. 월마다 날짜가 조금씩 다르기 때문이다. 판매월이 지난달보다 날짜가 3일 더 적을 경우 월별로 매출을 점검하면 그 달의 매출이 떨어졌다고 결론을 내리게 되는데, 그 결론은 상당히 잘못된 것일 수 있다.

이와 같은 벤치마킹 인식은 예산 편성에도 적용된다. 거의 모든 사람들이 월별로 예산을 편성하지만 거기에는 실수가 있다. 따라서 일일 또는 주간 단위로 하는 게 더 낫다. 월별 단위로 예산을 편성하면 달마다 임금 지급을 위한 날수가 다르기 때문에 잘못된 생각을 가질 수 있기 때문이다. 근무일수뿐 아니라 다른 비용들에 대해서도 마찬가지다. 월별 숫자들에 기초하여 예산을 편성하는 사람은 잠재적인 오해의 소지를 가지

Tool

일일 단위로 매출 수치를 측정하라. 그럼 영업사원들이 주 단위 혹은 월 단위 목표를 달성하는 데 도움이 된다.

고 사업을 하고 있고, 일일 또는 주간 단위로 경영을 하는 사람들만큼 효과적으로 흐름을 점검하지 못한다.

하지만 중요한 운영 기준들 중에는 일별로 측정할 수 없고 월별로 분석해야 하는 사항들도 많다. 따라서 당신은 기준 수치를 가장 효과적으로 측정할 수 있는 단위를 스스로 결정해야 한다.

벤치마킹은 이런 사항들을 결정하는 데 도움을 준다. 벤치마킹은 자신의 발전을 측정하는 행위로, 당신은 다른 회사들을 벤치마킹할 수 있다. 또 동료들을 벤치마킹할 수도 있고, 자기 자신을 벤치마킹할 수도 있다.

큰 성과를 올리는 사람들은 이 세 가지를 다한다. 이들이 진정한 경쟁자들이다. 그들은 언제나 다른 사람들의 성과에 비추어 자신들의 활동을 평가한다. 그들은, 업계에서 최고가 되겠다는 비전을 세우고 그 목표를 향해 노력하고 있는 다른 모든 사람들에 비추어 자신들의 발전 정도를 측정함으로써 벤치마킹한다.

│ 핵심에 집중하라 │

당신의 사업에 수익을 가져다주는 제품이나 서비스가 여러 가지라면 어떤 부분이 가장 수익성이 높은가? 많은 사업 운영자들은 이 기본적인 질문을 놀랄 정도로 무시해버린다. 한쪽이 다른 쪽보다 더 빠르고 활발하게 이윤을 창출한다면 "왜 그럴까?"라고 물어야 한다.

당신의 이윤에 가장 크게 기여하는 사항이 무엇인지, 또는 당신에게 가장 빨리 부를 가져다줄 것이 무엇인지 묻는 질문에 대한 대답은 너무나 중요하므로 여기에서 그것을 무시할 수는 없다. 만일 당신이 언제나 해오던 대로 일을 한다면 여느 때와 똑같은 결과를 얻을 것이다. 그것이 오늘날 많은 회사들이 풀어야 할 일반적인 숙제다. 당신이 재택 사업을 하든 대기업을 운영하든 마찬가지다. 당신을 성공으로 이끌 올바른 답을 찾기 위해서는 당신에게 가장 높은 수익성을 가져다줄 일을 찾은 뒤 그 일 또는 그 이상의 일을 해야 한다.

만일 운영 활동의 어느 측면이 자원의 누수를 일으킨다면 그것을 막아라. 새롭게 자리잡은 수치 점검 습관이 당신으로 하여금 눈을 뜨게 할 것이다. 일단 눈을 뜨고 나면 당신의 발목을 잡는 사항뿐 아니라 당신의 회사를 더욱 수익성 높은 영역으로 끌어올려 줄 수 있는 부분도 찾게 된다.

| 시장에 눈을 떠라 |

1990년대 초반, 초창기의 무스탕 부품에 전문적으로 뛰어

든 자동차 재생업자가 있었다. 그는 일차적으로 1964년과 67년 사이에 제조된 무스탕 자동차에 초점을 맞추었다. 당시에는 무스탕이 많았다.

그가 열정적일 때는 문제가 뚜렷이 드러나지 않았다. 고객들은 한정되어 있었고 자동차도 계속해서 줄었는데 이유는 무스탕 한 대를 복원할 때마다 수리할 자동차도 한 대씩 사라졌기 때문이다. 포드사는 더 이상 무스탕을 생산하지 않고 있었다. 게다가 그가 장사하는 지역에는 무스탕 부품을 파는 가게가 여러 군데였다.

이 사람은 분명 시장의 최저 한계에 대해 깜깜했다. 그래서 좀더 가능성 있는 전문 분야로의 이동을 계획하는 데 실패했다. 그의 사업은 한동안 별 탈 없이 유지되었지만 결국에는 무너지고 말았고, 재정적인 어려움에 빠졌으며, 그는 살아남기 위해서 돈을 빌려야만 했다. 그 후 그는 제품 라인을 하나 더 늘렸지만 여전히 무스탕 부품을 파는 데 집착했다. 그가 만일 관련 수치들을 끊임없이 분석했더라면, 그의 사업은 죽음과 맞먹는 값비싼 희생을 피할 수 있었을 것이다.

당신은 자신의 사업에 대해, 그리고 앞으로 사업이 어떻게 변화할지에 대해 알아야 한다. 사업과 관련한 흐름을 지켜보면 그렇게 할 수 있다. 다른 많은 분야도 마찬가지지만, 이 경우에는 물건을 팔아야 하는 한정된 고객이 그마저 없어지고 있었다. 그는 자신의 열정에만 빠진 나머지 구매자가 계속 줄

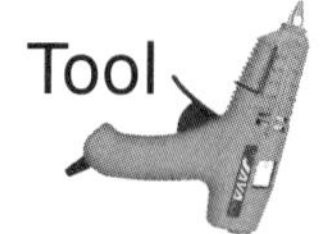

사업에 대해 안다는 것은 아직 펼쳐지지 않은 미래를 미리 내다볼 수 있는 방법을 마련하여 힘겨운 시기를 성공적으로 통과한다는 의미다.

어들고 있다는 사실을 염두에 두지 않았다. 그리하여 결정을 내려야 할 시기를 놓치고 말았다.

그것은 위로 올라가는 길을 찾아야 할 때 아래로 내려가는 너무나 뻔한 사례다. 그러므로 당신이 기준 수치를 이용하여 자신의 걸음을 측정할 때는 시장의 동향을 읽는 방법도 생각해야 한다. 이는 명백한 근거가 있는 이야기다. 열정이 사업에 관련한 행동을 지배하지 않도록 하라. 시장에 대해 눈을 떠라. 고객에 대해 파악하라.

업계 최고의 전문가가 되라

당신은 가장 자신 있으며 잘할 수 있는 일을 해야 한다. 여러 해에 걸쳐 론과 DL은 많은 사람들에게서 수많은 좋은 아이디어를 제안받았다. 아이디어들은 넘쳐난다. 하지만 성과는 아이디어와 맞아떨어지지 않는다.

론과 DL에게 많은 아이디어들이 전달되었다. 사람들은 그들에게 자동차 도색 점포를 내라거나, 판금 사업을 시작하라거나, 자동차 앞 유리를 설치하라거나, 정비업소를 차리라는 등 수많은 제안을 했다. 하지만 새로운 길을 택할 때는 먼저 시장의 여러 측면들을 고려해야 한다. 아이디어들은 대부분 소규모 사업주들로 하여금 새 사업을 익히고 초기 비용을 들여야 하는 값비싼 대가의 길을 따라 내려가도록 한다.

여기저기에 조금씩 일을 벌려놓기만 하고 하나도 제대로 하지 않는 소규모 사업주들이 얼마나 많은가? 벤처 기업을 여러 개 꾸리고 있지만 대부분 혹은 모두 실패한 사람들은 또 얼마나 많은가? 문제는 그들과 그들의 직원들이 한꺼번에 너무 많은 일에 손대고 있다는 사실이다. 그들에게는 초점이 없다. 그들은 자신들이 제일 잘하는 단 하나의 일을 붙들지 않는다. 또한 새로운 아이디어들을 실험하고 값비싼 대가의 옆길을 따라 내려가느라 바빠서 자신들이 제일 잘하는 일을 더욱 향상시키기 위한 노력을 기울이지 않는다. 이런 사람들은 절대로 언덕 꼭대기에 도달할 수 없다. 그들은 자신들의 에너지와 자원을 끊임없이 분산시켜서 비효율이 발생하는 지점까지 나아가기 때문에 결코 괄목할 만한 성공을 맛보지 못한다.

이런 이들에게 최선의 충고는 '아는 것을 붙들어 향상시키는 데 힘쓰라'는 것이다. 고객이 당신을 어떻게 생각하는가? 당신이 쌓은 명성은 어디에 바탕을 두고 있는가? 이런 질문들에 대한 대답을 함으로써 성공으로 나아갈 수 있다.

시장에서 기회를 발견했다고 해서 곧바로 그 기회를 좇아야 한다는 뜻은 아니다. 당신의 전문 분야가 아닐 수도 있다. 그 기회를 이용하려고 애쓰다 오히려 지금의 사업을 말아먹을 수도 있다. 가장 잘하는 일을 하고, 그 일을 계속 향상시켜라. 그러면 언젠가는 당신의 경쟁자들이 따라오지 못할 경지에 이를

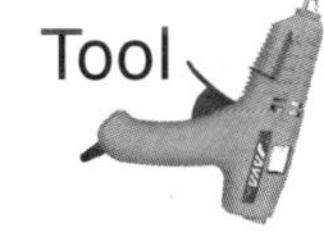

Tool

새로운 제품이나 서비스를 추가하는 최선의 방법은 그것을 고객에게 제시하기 전에 비용을 명확히 분석하는 것이다.

것이다. 당신이 그들 시야에서 사라질 테니 말이다.

그리고 당신이 좋아하지 않는 업무들은 떠맡지 마라. 그런 일에서는 제대로 성공을 거두기 힘들다. 그것이 필요한 일이고 꼭 해야 한다면, 다른 사람에게 위임하는 방법을 생각해보라.

▎핵심 경쟁력을 파악하라 ▎

이것은 당신이 가장 잘하는 일뿐만 아니라 제대로 하지 못하는 일까지도 파악하라는 뜻이다. 당신은 어떤 일에 대해 좀 더 최선의 노력을 할 필요가 있다. 자신이 잘하지 못하는 일인 줄 알지만 사업의 다음 단계로 뛰어오르기 위해 그 일이 꼭 필요하다면 다른 사람한테 시키면 된다.

능숙하지 못한데 굳이 그 일을 하려고 애쓰지 마라. 가장 잘하는 일에 계속 초점을 맞춰라. 그렇지 않으면 귀중한 시간을 낭비하고, 돈도 잃을 것이다.

일반적으로 큰 성공을 거둔 사람들은 자기가 잘하지 못하는 일들을 위임할 줄 아는, 초점이 매우 분명한 사람들이다.

당신이 경영자라면 직원들을 모두 한자리에 모아놓고 그들에게 "좋습니다. 우리 사업에서 날마다 해야 하는 일은 무엇이며, 꼭 필요한 일은 무엇이죠?"라고 물어보라.

자동차 재생업자들에게 그 대답은 사고, 해체하고, 팔고, 배

Action!

직원들과 모임을 열어, 그들과 함께 당신의 핵심 경쟁 부문을 결정하라.

송하는 일이다. 당신이 찾고 있는 것은 일반적인 범주에 속하는 일들이다. 사업을 위해서는 이런 '핵심 경쟁 부문들'을 결정해야 한다.

자신의 핵심 경쟁 부문들을 결정할 때는 스스로를 벤치마킹하는 실수를 저지르지 마라. 예를 들어 페덱스(Fed-Ex)사는 배송 서비스 분야에서 최고의 벤치마킹 대상이다. 그들은 언제나 정확하고 신속하며 친절한 배송을 해나간다.

자동차 재생업자들은 구매, 해체, 판매, 배송이라는 네 개의 범주를 정하고 각각 자신들의 궁극적인 벤치마크를 정리했다. 해체는 자동차 재생업계에서만 볼 수 있는 범주다. 그래서 그들은 벤치마킹할 경쟁자를 찾았다. 업계에 따라서는 핵심 경쟁 부문들을 찾을 때 다른 고려 사항들이 있을 것이다.

역량을 모아야 할 핵심 경쟁 부분들을 결정했다면 이미 잘하고 있다고 생각하는 일을 더 잘하도록 자극제 역할을 해줄 벤치마크를 찾아라. 그 벤치마크가 당신의 목표다. 당신이 어떤 분야에 종사하고 있느냐와 상관없이 자신에게 적합한 벤치마크를 찾고 그보다 더 잘할 수 있도록 노력하라. 벤치마크보다 앞서는 일이야말로 경쟁을 하는 목적이다.

그럼 이제 그 분야에서 자신의 핵심 경쟁력을 키울 방법들을 찾아라. 컨설턴트를 고용하거나, 책을 읽거나, 세미나에 참석하거나, 다른 사람들과 얘기를 나누거나, 자신의 벤치마크가 사용하는 기법들을 분석해도 좋다. 심지어 벤치마크의 대

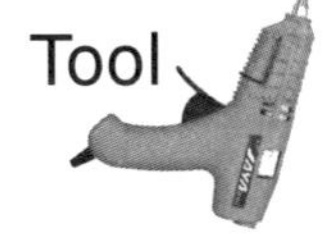

Tool

벤치마킹을 통해 경쟁자들보다 더 잘하겠다고 다짐하라. 그렇지 않으면 그들과 같은 수준에 머물 뿐 그들을 뛰어넘지는 못한다.

상이 어떻게 해서 잘하는지 알아낼 때까지 최대한 벤치마크를 흉내내도 좋다. 그 후엔 개선을 위해 노력하라. 바라건대, 브레인스토밍 회의에서 점찍은 벤치마크 회사를 뛰어넘어 다른 사람의 벤치마크가 되라.

벤치마크가 더 나은 이유를 파악하라. 그런 다음엔 그들이 있는 곳에 도달하고 그들을 넘어서기 위해 노력하라.

일단 자신의 핵심 경쟁 부문을 진지하게 바라보고 벤치마크 대상들을 정했다면 업계에서 가장 뛰어난 경쟁자들을 뛰어넘을 준비가 된 것이다.

잊지 마라. 우리는 언덕 꼭대기에 있는 표지판, 성공으로 가는 길을 가리키는 그 표지판을 찾고 있다. 당신이 그 먼 곳에 이르려면 가장 큰 경쟁자들을 제쳐야 한다.

정신을 똑바로 차리고 다음 분석 내용을 살펴보라. 당신은 자신의 핵심 경쟁 분야를 정했다. 그러므로 당신은 자신의 향상 정도를 비교 측정할 수 있는 벤치마크를 설정해야 한다. 이런 핵심 경쟁 부문들을 고려할 때는 경쟁자들에 비추어 자신의 활동을 정직하게 평가해야 한다. 그렇지 않으면 스스로에게 거짓말을 하는 셈이므로 아무런 도움이 되지 않는다.

론은 "우리가 노력한 내용을 말씀드리자면, 우리는 각각의 핵심 경쟁 부문에 네 개의 칸을 만들었습니다. 그리고 그 네 개의 칸에 각각 최고의 경쟁자들로 꼽히는 이름을 세 개씩 적었습니다. 우리가 고려하는 칸이 어느 칸이냐에 따라 경쟁자의 이름이 언제나 같지는 않았습니다. 예를 들어, 배송 부문에서는 우리의 서비스를 자극하는 트로이 포린 카를 1등 회사로 꼽았습니다. 트로이가 그 분야의 선도 회사이기에 우리의 표적이 된 것이죠. 그들이 어떻게 배송 서비스를 하든, 우리는 그들보다 더 나은 서비스를 하려고 노력했습니다. 사람들이 우리의 서비스가 더 낫다고 얘기할 때까지 우리 고객들뿐 아니라 그 회사 고객들에 대한 배송 서비스까지도 심혈을 기울였습니다"라고 설명했다.

알겠는가? 경쟁은 이렇게 하는 것이다. 먼저 조준을 해야 한다. 표적을 쳐다봐야 한다. 눈을 감고 조급하게 방아쇠를 당겨서는 안 된다. 1등이 되려면 앞에 누가 있는지 파악하고 그들이 사업을 어떻게 하는지 배워라. 그들의 사업에 대해 그들보다 더 잘 알아라. 그러면 당신의 사업이 미끄러지듯 앞으로 나아갈 것이다.

론은 또한 "이걸 말할 필요가 있겠군요. 두 개의 칸에서는 우리 자신이 최고라고 믿었습니다. 그것은 우리가 최고가 아닌 나머지 두 칸에 초점을 맞추면 된다는 뜻이었죠. 당신도 마찬가지일지 모릅니다. 그렇다고 최고의 분야에서 느슨해져도 된다는 뜻은 아니었습니다. 그것은 우리의 경쟁력이 차이가 느껴질 정도로 뒤처져 있는 나머지 두 개의 핵심 분야에 노력을 집중해야 한다는 뜻이었습니다"라고 덧붙였다.

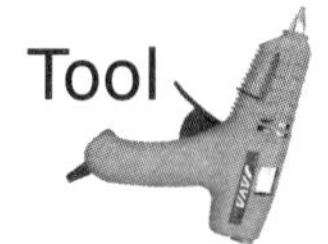

당신의 목표와 상황이 허락하는 것 이상으로 벤치마크에 대항하려고 하지 마라. 적어도 그들과 실제로 경쟁할 수 있을 때까지는.

▌경쟁자의 고객이 되라 ▌

여기에 당신이 자기 자신과 회사를 어떻게 개선시킬 수 있는지 보여주는 또 하나의 사례가 있다. 언젠가 우리는 가장 충성스럽고 일관되게 우리 제품을 구매하는 상위 100명의 고객을 대상으로 설문조사를 실시했다.

우리는 모두에게 똑같은 질문을 던졌다. 직원들이 고객에게 인사하는 태도, 배송 시간, 그들이 받아보는 부품 품질 등에 관한 질문이었다. 우리는 그들이 우리를 어떻게 생각하는지 궁금했는데, 이유는 그들과의 관계를 발전시키고 싶었기 때문이다. 우리는 고객들이 평가한 내용을 기준으로 삼아 개선의 노력을 해나간다면 더 많은 고객들에게서 똑같은 충성심을 이끌어낼 수 있다는 사실을 알게 되었다.

우리는 설문조사 내용을 분석했다. 질문 가운데 하나는 "우리 가게에 올 수 없을 때는 어느 가게에서 물건을 사십니까?"였다. 우리는 그들 눈에 비친 우리의 첫 번째 경쟁자가 누구인지 알고 싶었다. 다른 이름들도 있었지만 대략 세 개의 회사로 모아졌다.

고객들의 눈에 비친 경쟁사들이 어디인지 알게 된 우리는 그들의 작업 모습을 사진에 담았다. 그리고 그 회사의 로비에 앉아서 그곳의 고객들과 얘기를 나누었으며, 기회 있을 때마다 그곳 직원들과도 얘기를 나누었다. 하지만 왜 우리가 거기에 왔는지는 말하지 않았다. 그들 중 몇몇은 우리를 알아봤겠지만 문제될 것이 없었다. 우리는 본질적으로 여느 고객과 똑같아 보였다.

이를 통해 점장 회의 때 우리의 일하는 모습과 경쟁사들의 모습을 비교할 수 있었다. 이것은 시각적인 단서가 되는 대단한 발견이었다. 하지만 가장 큰 발견은 경쟁사의 직원들과 얘기를 나눌 때 이루어졌다. 당시에 그 사람들은 우리가 누군지 몰랐다. 우리는 그들이 우리를 알아채지 못하도록 신중하게 행동했다. 하지만 경쟁사의 직원 및 고객들과 나눈 부담 없는 대화에서 얻은 정보들은 매우 유익했다.

우리는 점장들과 함께 앉아서 우리의 작업과 경쟁사들의 작업을 비교했다. 이를 통해 모두들 차이점을 알 수 있었는데, 어떤 경우에는 차이가 매우 뚜렷했다. 이를 계기로 우리는 경쟁사들의 장점을 배웠을 뿐 아니라 그들의 약점까지도 알게 되었다. 우리는 이제 표적에 대해 완전히 이해했고, 그 덕분에 구체적이고 현실적인 목표를 세울 수 있었으며, 다음 단계로 나아가기 위해 필요한 개선을 이루어냈다.

당신이 자신의 핵심 경쟁 부문들을 고려할 때는 당신이 잘하는 일뿐만 아니라 경쟁자가 잘하는 일까지도 알아야 한다는 점을 강조하고 싶다. 그래야 벤치마크를 제대로 설정할 수 있다. 당신이 다른 부대보다 앞서가려는 군 지도자라면 상대 부대에 대해 가능한 한 많은 것을 알고 싶지 않겠는가? 경쟁자

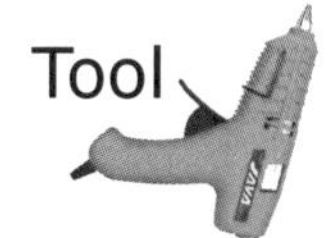

Tool

경쟁자들의 사업장에 가보는 것을 부끄러워하지 마라. 당신의 목적은 자신의 운영 방식을 그들의 것과 비교하는 것이다.

Action!

가장 믿을 만한 경쟁자가 누구인지 정하고, 개선의 여지가 있는 부분에서 당신의 운영 방식과 그들의 방식을 비교 분석하라.

를 차례로 제거하려는 것이 아니라 그들보다 일을 더 잘하려는 목적이라면 사업에서도 다르지 않다.

▎중요한 것을 먼저 하라 ▎

정작 큰 문제들은 놓치고 사소한 일들에 신경 쓰느라 직원들에게 시간을 낭비하게 만드는 회사들이 얼마나 많은가? 우리는 당신이 언제나 큰 문제들에 먼저 초점을 맞추고, 그 문제들을 해결하고 난 뒤 사소한 문제들을 처리하는 효율성을 발휘해야 한다고 믿는다. 큰 문제들은 눈에도 쉽게 띄고, 파악하기도 쉬우며, 해결하기 쉬울 경우도 아주 많다.

미국의 자동차 제조업체들은 아직도 백 대당 결함률을 낮추려고 애쓰고 있다. 이것이 그들의 벤치마크 가운데 하나다. 일본인들은 더 이상 백 대당 결함률에 신경 쓰지 않는다. 그들이 신경 쓰는 부분은 라디오 버튼의 감촉이다.

일본인들은 미국의 주문자 생산방식 회사들보다 5년 정도 앞서 있다. 그들은 새 차를 사려는 고객들이 고급스러운 느낌에 끌린다는 조사를 마쳤기 때문에 앞 좌석 수납 칸의 여닫이 방식에 신경 쓰고 있다. 그래서 그들은 수납 칸이 닫히는 부분에 작은 충격흡수장치를 설치한다.

핵심은 큰 문제들부터 먼저 해결하고 그 다음에 작은 문제

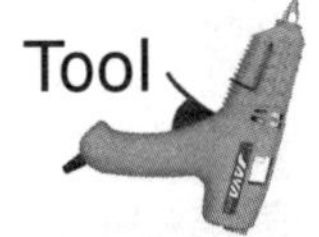

총매출액 감소나 비용 증가에 가장 큰 원인이 되는 문제가 무엇인지 파악하라. 그리고 그 문제를 고치는 데 초점을 맞춰라.

들을 풀어나가라는 점이다. 당신의 경쟁자들은 분명 큰 문제들을 해결하는 데 초점을 맞추지 않을 것이다. 그러므로 큰 문제들을 먼저 해결하고 그 다음에 작은 문제들에 관심을 돌린다면 당신은 앞에 서게 된다.

▌세부 사항을 분석하라 ▌

DL은 자신이 서투르다고 생각하는 와중에도 집안에서 운영하는 자동차 재생사업에 합류했다. 그는 아버지에게 통계 자료를 바탕으로 구매 수량을 확인해주는 업무를 맡았다. 그는 아버지에게 '왜' 회사의 평균치가 올라갔는지, 내려갔는지 설명해줘야 했다.

DL은 "우리는 재생용 자동차들 중에서 수리가 가능한 자동차들을 분류해내고 부품들을 분해함으로써 우리가 구매를 어떻게 하고 있는지 설명할 수 있었습니다. 내가 회사 경영자의 자리에 좀더 가까이 있을 때는 월말에 전반적인 손익계산서를 점장들에게 설명하는 일이 내 책임이 되었습니다. 나중에는 이 일을 회계사에게 넘겼지만 당시에는 그게 내 일이었죠. 나는 점장들에게 각 점포별 수치들을 설명해달라고 요청하곤 했습니다. 아버지는 자신의 월별 성과를 정말로 끈덕지게 살펴서, 우리가 계획한 예산과 결산이 왜 일치하지 않는지 알아냈습니다. 아버지는 이유를 알고 싶어했고, 또 알아야 한다고 주장하시곤 했습니다. 내 예산 차액은 1, 2달러 이내가 되어야 했습니다.

그 때문에 나는 우리가 이중으로 지불하고 있는 항목을 찾을 때까지 골머리를 앓았습니다. 조사 결과, 직원들의 세금을 이중으로 물고 있었더군요. 어느 달 손익계산서에 예산이 허용한 금액의 두 배가 나와 알 수 있었습니다. 나는 아버지의 고집에서 큰 교훈을 얻었습니다. 이제 나는 재무와 기준 수치들을 세심하게 점검하는 일이 회사가 이윤을 내는 데 얼마나 중요한지 잘 알고 있습니다. 이 교훈은 내가 새로운 점장들을 교육할 때 꼭 말해주는 부분이기도 합니다. 그들에게 판매대금 한푼 한푼이 어디로 가는지 아는 것이 얼마나 중요한지를 인식시켜주는 게 목표가 되었습니다"라고 말했다.

절약한 돈은 모두 당신의 매출 총이익에 더해진다. 동전이 마치 술병 뚜껑이라도 되는 양 여기저기 뿌리고 다녀서는 안 된다. 바꾸어 말하자면 아주 인색하게 굴라는 말이다. 이런 세부적인 행동들이 모여 이익이냐 손해냐를 결정한다.

chapter 2

성공한 사장의 비전을 훔쳐라

▌올바른 계획을 세워라 ▐

왜 그냥 하면 안 될까? 왜 하나의 아이디어를 놓고 그냥 진행하면 안 될까? 왜 계획을 세워야 할까? 당신은 총을 쏠 때 먼저 장전하여 쏘고, 그 다음에 조준하는가?

조는 처음으로 사업을 시작한다. 그는 훌륭한 아이디어와 사업 자금이 있고, 자신이 성공할 수 있다고 믿는다. 1년 중 대략 3사분기가 지났을 때 그는 허우적거리면서 돈이 모두 어디로 가버렸는지 궁금해한다. 무엇이 잘못된 것일까?

우리는 왜 계획을 세워야 할까? 총을 쏠 때는 조준을 먼저 해야 하기 때문이다. 시작할 때 이런 질문을 하는 사람들은 별로 없다. 사람들은 좋은 아이디어라고 생각하면 서두르는 경향이 있다. 하지만 계획을 세우지 않으면 감정적으로 흐르게 된다. 계획은 그야말로 길을 안내하는 지도다. 그 지도가 없다면 숲에서 길을 잃을 수 있는데, 우리는 그런 광경을 너무 자

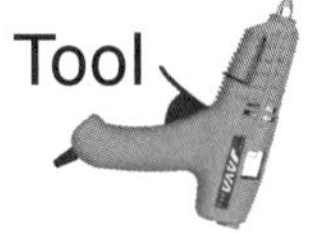

Tool

온전한 계획에는 재정적 목표가 있으며, 운영 기준의 활용이 포함된다.

Action!

자리에 앉아 앞으로 12개월 간의 운영 계획과 재정 계획을 짜라.

주 본다. 사업 활동에 대한 계획을 세우는 사업가들이 너무 적다. 이유는 훌륭한 계획 수립의 중요성을 이해하지 못하거나 계획을 어떻게 세우는지 모르거나 둘 중 하나다.

계획 수립은 장기적인 사고(思考)로, 저 앞에 무엇이 놓여 있는지 꼼꼼하게 살펴보는 일이다. 경영 기법과 적당한 부지런함의 결합인 훌륭한 계획 수립은 회사의 성장에 크게 기여한다. DL은 자신의 집안이 4대에 걸쳐 가업을 계속 성장시킬 수 있었던 이유 가운데 하나가 바로 계획 수립이라고 굳게 믿고 있다.

DL의 관점에서 보면 할아버지 돈 피츠패트릭 1세는 장기적인 사고에 탁월했다. DL의 아버지 돈 피츠패트릭 2세는 아버지에게서 그것의 가치를 배우며 자라나 사업을 물려받았다. 특히 역할 모델에게서 가치를 배운 뒤, 계획을 세우는 자기만의 습관을 길렀다.

DL은 자기 집안의 사업에 합류하면서 계획 수립의 진정한 가치를 깨닫기 시작했다. 어쩌면 그것은 그의 핏속에 흐르고 있었을지도 모른다. 여하튼 DL은 계획에 따라 중요한 모든 사항들을 기록했으며, 그것이 자기 자신뿐 아니라 집안의 사업에도 도움이 될 것이라는 사실을 잘 알고 있었다. 어려서부터 계획 수립이 필수적이라는 인식을 가졌기 때문이다.

DL은 한 가지 계획으로는 성이 차지 않았다. 그는 매년 세 가지 계획을 서면으로 작성했다. 첫 번째 계획에는 다음해에 실행할 일과 행동 계획을 담았다. 두 번째 계획에는 앞으로 3년 안에 가장 먼저 해야 할 일들을 설정함으로써 활동과 시간 계획을 미리 세웠다. 세 번째 계획에는 5개년 계획을 재고하여 다시 작성한 내용을 담았다.

DL은 "언제나 10월이 되면 메모를 정리하고, 한 해 동안 수집한 관련 서류철을 검토함으로써 계획을 짜기 시작했습니다"라고 설명했다.

필요한 예산에 대한 면밀한 검토도 그때 이루어졌다. 11월쯤에 초안 형태의 계획서가 만들어지면 DL은 그것을 사업에 몸담고 있는 가족 구성원들뿐 아니라 회사의 핵심 직원들에게까지 돌렸다.

DL은 또한 "11월 초쯤 모든 사람들에게 초안을 돌려서 그들로 하여금 내 계획들에 대해 생각할 시간을 주었습니다. 나는 그들 모두가 초안에 내용을 덧붙이거나 자신의 의견을 제시해줄 것을 기대했습니다. 우리는 그 계획에 따라야 하고 앞으로도 그럴 것이기 때문이죠. 11월은 그들의 귀중한 생각을 듣는 시간입니다"라고 말했다.

그는 12월까지 사람들의 의견을 모두 검토하여 최종안을 작성할 수 있었다. 그러고 나서 그것을 회사의 재정 체계와 운영 기준에 반영했다. 이로 인해 피츠사의 모든 팀원들은 새해를 시작하면서 '힘차게 뛸 준비'를 갖추었다. 모든 사람들이 회사가 기대하는 바를 알고 있었다. 그들은 이미 알고 있는 계

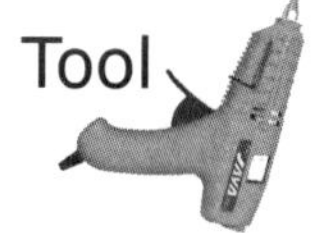

매년 1월부터 10월까지 메모를 해서 다음해의 사업 계획을 준비하라. 10월에는 대략적인 계획 초안을 만들어라. 11월에는 세부적으로 다듬어라. 이사들과 매니저들의 검토가 끝나는 12월에는 다음해의 계획에 착수하기 위한 준비가 완료된다.

획에 따라 자신들이 책임져야 할 특정 부분뿐 아니라 자신들의 실적이 어떻게 측정될 것인지도 알고 있었다.

| 계획을 서면으로 작성하라 |

세상은 몽상가들과 좋은 아이디어를 가진 사람들로 가득 차 있다. 시장에는 좋은 아이디어들이 넘쳐나지만 정작 얼마나 많은 사람들이 목표를 달성하는가? 꿈을 실현하는 사람들은 어떤 사람들인가?

목표를 달성하지 못할 때는 그 원인을 묻는 질문이 반드시 뒤따르게 마련이다. 원인은 대개 계획을 부실하게 세우거나 아예 계획을 세우지 않은 데 있다.

부실한 계획은 부실한 실적을 낳는다(Poor planning produces poor performance). 이른바 '5P' 경영 체제다. '부실한 계획'이란 약점을 미리 살펴서 고칠 수 있도록 종이나 컴퓨터에 기록해두지 않고 머릿속으로만 세우는 계획을 말한다.

계획을 서면으로 작성해두지 않으면 당신은 신기루 같은 함정에 빠지게 된다. 기운을 북돋아줄 시원한 물과 음료가 있는 곳으로 가고 있다고 생각하면서 줄곧 사막을 걸어왔는데, 정작 그곳에는 아무것도 없고 이전에도 그랬다는 사실을 알게 되어 크게 낙심할 수도 있다.

계획을 서면으로 작성해두지 않으면 꿈은 상상에 그칠 뿐 결실을 보지 못한다. 이유는 당신이 현실에서 기초를 제공하지 않았기 때문이다. 계획을 기록해두지 않으면 어떻게 타당성을 조사하고 문제점을 찾을 것인가? 머릿속에 있는 아이디어 하나에 모두를 걸지 마라. 눈으로 볼 수 있도록 종이에 옮겨적어라. 부실한 계획이라 할지라도 실천에 따른 결과는 있기 마련이다. 하지만 당신이 정말로 원하는 결과가 나올 확률은 좀처럼 없다.

Tool

분석하고 약점을 고칠 수 있게 머릿속에서 계획을 끄집어내어 종이에 옮겨 적어라.

당신은 계획을 세워야 한다. 그리고 그 훌륭한 계획들을 종이에 기록하거나 컴퓨터에 저장해야 한다. 당신은 머릿속에 있는 아이디어를 눈앞으로 끄집어내어 다른 사람들 눈에도 보이게 해야 한다. 그러면 계획의 결함을 좀더 분명하게 알 수 있을 뿐 아니라 다른 사람들의 귀중한 의견을 좀더 쉽게 얻을 수 있다. 그것이 어프로치(approach)를 강화하는 방법이다.

DL은 자신이 경험한 한 가지 사례를 얘기해줬다. 그것은 많은 사람들이 놓치는 부분이다. DL은 4대 후손으로서 회사에 들어갔다. 그래서 마치 거저먹기로 들릴지도 모르지만 DL에게는 결코 상속받은 부가 아니었다. 실제로 DL의 아버지는 그가 경영학 공부를 마칠 때까지 그를 경영진에 포함시키지 않으려고 했다.

학교를 마쳤을 때 DL은 "나는 회사의 어느 부서로 가야 하는지 계획을 짰습니다. 편안한 자리에 가서 그냥 똑같은 일만 계속 되풀이한다면 정말로 손쉽겠지만, 그런 인생을 살고 싶지는 않았습니다. 그래서 나는 대학에서 배운 대로 종이에 계획을 적었습니다. 나는 실제 밑바닥부터 시작했고, 여러 직위들을 두루 거친 뒤 다른 주주들과 겨루어서 경영자가 되고 싶었습니다. 그렇게 하기 위해서는 어느 자리에서든 남보다 뛰어나야 했습니다. 나는 그들이 경영자 자리를 내게 쉽게 넘겨주지 않으리란 걸 알고 있었습니다. 그들은 그렇게 호락호락하지 않았습니다"라고 말했다.

그래서 DL은 계획을 철저하게 기록한 뒤 지면으로 볼 수 있도록 자기 앞에 꺼내놓았다. 그리고 그것을 끝없이 연구했고, 들고 다니면서 개선 방안들을 찾았다.

"그 계획을 통해서, 승진 자격을 갖추기 위해서는 어느 부분을 더 공부해야 하는지 알 수 있었습니다. 나는 사장 아들이었지만, 믿음직하다는 사실을 증명해야 했습니다. 그래서 그 계획을 마치 회사의 진짜 자산인 것처럼 다듬었습니다."

DL은 또 저녁 시간을 이용하여 MBA과정을 3년에 걸쳐 이수함으로써 자신의 신뢰성과 가치를 높였다.

이 사례에서 알 수 있듯이, DL은 첫 번째 계획을 종이에 작성할 때 자신의 시야를 고정시켰다. 그는 언제든 그 계획을 눈으로 볼 수 있었고, 계획이 정말로 실현되길 원한다고 스스로에게 다짐할 수 있었다.

"그것 때문에 더 열심히 일하고 인내해야 했습니다. 다른 식으로 했을 때보다 더 많은 시간을 들여야 했죠. 하지만 그 계획이 있었기에 성공할 수 있었습니다. 나는 집안의 사업을 그냥 물려받은 게 아니라 옛날 방식으로 노력해 얻었습니다. 내 가치를 증명해서 성장했고, 그렇게 하기 위해 처음부터 계획을 따랐습니다."

만일 DL이 편안한 자리부터 발을 들여놓았더라면 아마 아직도 똑같은 자리에 있었을 것이다. 그랬다면 그는 포드 자동차 회사의 자회사에 가업을 팔 때 1차 협상자의 위치에 오르지 못했을 것이다.

일단 계획이 머리 밖으로 나와 손에 쥐어지면 개선이 가능할 뿐 아니라 마땅히 개선되어야 한다. 당신은 그것을 종종 살펴보면서 자신이 목표에 어느 정도 다가서고 있는지 확인해야 한다. 그것을 바로 발전이라고 하며, 이는 일반적으로 성공으로 이어진다.

▍성취 가능한 목표를 설정하라 ▍

DL은 비판적인 분석을 통해 스스로 행동과 결과를 평가하는 좋은 습관을 길렀다. 그 과정은 이전에 성취했던 것을 평가하는 데 그치지 않고, 이전의 계획에서 성취하지 못한 항목들도 살피는 것이었다.

일단 자신이 무엇을 성취하길 원하는지, 어디로 가길 원하는지 알고 있다면 목표를 설정함으로써 나아갈 방향을 정할 수 있고, 그럼 한 걸음씩 목표에 다가설 수 있다.

단기 목표는 장기 목표로 가는 길 위의 이정표와 같아서, 장기 목표를 세운 뒤에 정하게 된다. 만일 목표를 설정했으면서도 거기에 도달할 생각이 없다면 장기 계획이 필요하지 않을 것이다. 목표를 설정하지 않고 이정표나 벤치마크가 없는 사람들은 우리가 지금 말하고 있는 괄목할 만한 성공을 거두기가 몹시 어렵다.

은행원을 찾아가서 얘기를 나눠보면 이와 같은 계획 수립의 과정에서 쉽게 놓쳤던 이득이 보인다. 은행이 대출 결정을 내릴 때는 당신이 대출금을 정확히 갚을 수 있는지의 능력을 먼저 본다. 그 다음에는 담보를 확인함으로써 당신의 상환 능력에 대한 결정을 보완한다. 세부적인 사업 계획은 당신이 목표치를 어떻게 성취할 수 있는지 통찰력을 빌려준다. 계획이 없으면 당신은 담보에만 의존할 수밖에 없다.

당신의 생각에 대한 은행원의 믿음은 당신이 종이에 적은 목표들과 당신이 설정한 이정표들, 그리고 성취할 목표에서 나온다. 그것을 모두 종이에 정리해두면 지원 서류와 신용장을 쉽게 얻을 수 있고 대출 과정도 빠르게 진행된다.

Tool

경험은 우리에게 무엇을 해야 할지를 가르쳐준다. 가장 귀중한 교훈들 가운데에는 '무엇을 하지 말아야 하는지'가 포함된다.

Action!

올해 안에 성취하고 싶은 몇 가지 간단하고 개인적인 목표와 5년, 10년에 걸쳐 성취하고 싶은 목표들을 작성하라.

┃목표는 구체적으로 세워라┃

당신은 목표를 어떻게 설정하는가? 사업을 하는 보통의 기업가는 자신이 성공을 원한다는 사실을 알고 있지만, 성공이 목표는 아니다. 그것은 전제이다. 스스로를 위해 일하는 사람은 누구나 성공을 원한다.

목표는 성공의 척도인 만큼 구체적이어야 한다. 당신은 "나는 이러저러한 날까지(수치로) 이만큼의 성공을 원한다"고 말할 수 있다. 그것이 바로 목표다.

그리고 계획이 실행되는 시점은 당신의 생각에 영향을 미치는, 그리고 제도적·현실적·실제적으로 목표치에 도달하는 가장 효율적인 방법들을 알고 있는 사람들과 함께 앉아 있을 때다.

도달하고 싶은 목표에 대해 생각하면 필요한 계획을 수립할 수 있다. 스스로 목표를 세워라. 자리에 앉아 종이에 목표를 적고, 자신이 현실적으로 움직이고 있는지 점검하라. 일단 목표들을 분명히 세웠고 또 그것들이 당신의 머릿속에 든든히 자리를 잡았다면, 다른 사람들 앞에 꺼내놓고 거기에 도달하기 위한 방법들을 논의할 준비가 된 것이다. 이렇게 하면 당신은 중요한 질문을 절대 던지지 않는 편안한 지역에서 억지로 끌려나오게 된다. 목표 설정은 당신으로 하여금 매우 중요한 사업적 질문들이 있는 전쟁터로 뛰어들게 만든다. 그곳에서

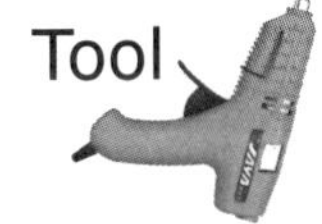

Tool

이정표를 설정하라. 어떤 것은 단기적이어서 일일 단위가 될 수도 있다. 이것들은 당신이 목표에 도달하기 위한 디딤돌이다.

Action!

다음달의 총매출액 목표를 설정하는 데 필요한 정보를 언제 입수할지 오늘 당장 계획을 세워라.

당신은 어떤 방법으로 해결책에 도달할지 계획을 짤 수 있다.

거울을 들여다보라. 그리고 당신이 언제, 무엇을 원하는지 스스로에게 물어보라. 구체적인 날짜를 잡아라. 이제 거기에 어떻게 도달할 것인지 설명해보라. 팔짱을 끼고 답을 요구하라. 이것이 바로 목표 설정과 계획 수립이다.

당신이 이 책을 산 이유는 무엇인가? 우리의 목표는 당신의 목표 달성에 도움이 되는 실행 방안들을 제시하는 것이다.

| 구체적인 질문을 던져라 |

모든 성공한 사업 뒤에는 기본적인 진리가 밑바탕에 깔려 있다. 사업에서 성공한 사람들 대부분은 출발하기 전에 자신이 무엇을 성취하고 싶어하는지 알고 있었다. 당신 또한 목표에 어떻게 도달할지 계획하기에 앞서 목표를 세워야 한다.

사업에 생명력을 불어넣는 과정은 의외로 간단하다.

Tool

목표를 설정할 때는 육하원칙에 입각하라. 누가 책임을 질 것인가? 무엇이 목표인가? 어디로 갈 것인가? 왜 거기에 갈 것인가? 언제 거기에 도달할 예정인가?

① 자기 자신과 다른 사람들을 위해 목표를 설정하라.

② 그 목표에 도달하기 위한 계획을 적어라.

③ 계획에 따라 실행하라.

④ 책임을 요구하라.

⑤ 결과를 평가하라.

목표를 어떻게 설정할까? 행동 단계들을 어떻게 계획할까? 그것들을 어떻게 실행할까? 그것들을 어떻게 평가해야 개선 여부를 측정할 수 있을까? 책임질 사람은 누굴까? 그 일은 어떻게 일어날까? 그 일은 언제 일어날까? 어디에서? 왜? 이것은 누가(who), 무엇을(what), 언제(when), 어디에서(where), 왜(why)라고 하는 전통적인 '5W 질문'이다.

만일 이 질문들에 대해 상세하게 대답할 수 없다면 당신은 아직 준비가 덜된 상태다. 이것은 위임을 할 때도 매우 중요하다. 단순히 "더 잘해봅시다"라고 말해서는 안 된다. 아랫사람에게 위임을 할 때는 구체적이면서도 수량화할 수 있는 목표를 제시해야 한다. 아랫사람이 당신의 질문들에 구체적으로 대답하지 못한다면 당신은 그들을 처음 단계로 돌려보내야 한다. 여러 차례 그래야 할지도 모른다. 당신도 여러 번 되돌아갈 수 있다.

목표를 숫자로 말하라

목표를 설정하고 계획을 세운 뒤에는 당신의 계획이 측정 가능한지 확인하라. 당신은 그 계획을 수량화할 수 있어야 한다. 발전 정도를 수치로 측정해야 한다. 그렇지 않으면 당신이 계획에 따라 순조롭게 나아가고 있는지 알 수 없다.

Tool

당신의 발전 정도를
수치로 측정하면
언제 특정한 목표에
도달했는지 더 잘
알 수 있다.

여기 한 가지 예가 있다. 론의 회사는 자동차 부품의 판매를 늘리기 위해 '공격적인 마케팅'을 하기로 결정했다.

금융계에서 일하는 론의 친구 클린트 게오르그는 "이봐, 론. 자네가 내는 많은 아이디어들 가운데 살아남을 수 있는 것은 두 가지인데, 그 두 가지는 언제나 훌륭해. 그리고 하나가 별 볼일 없으면 자네는 항상 또 다른 것에 기대어 행동을 하더군. 나는 자네가 '공격적인 마케팅'이라는 아이디어로 어떻게 성공을 측정할 것인지 알고 싶어. 또 자네가 10만 달러를 쓰고도 성과가 없어서 그 일을 그만두기 전에, 성공으로 가는 이정표를 어떻게 정할 것인지도 알고 싶고"라고 말했다.

"글쎄, 잘 모르겠는데." 론은 난처해졌다.

그러자 클린트는 "자네의 고객이 누구인지 알아봐, 론. 다음에는 자네의 영업사원들이 날마다 고객들에게 얼마나 많은 전화를 거는지 알아보고. 그들이 주문을 받거나 문의를 받을 때는 적으라고 시켜. 문의 가운데 몇 퍼센트가 판매로 연결되는지 알아볼 수 있으니 얼마나 유익한가. 그러니 문의 내용도 기록해두도록 해"라고 충고했다.

그러자 론은 90일간의 목표를 수치로 계산해 가져와서는 "좋아, 90일이 지나면 우리는 이 수치에 도달할 거야"라고 말했다.

이에 클린트는 "자네에게 이 계획에 대해 답을 요구하겠어. 자네가 오늘부터 사람들에게 전화를 걸기 시작한다고 해도 90

일째 되는 날 한꺼번에 성공을 거둘 수는 없다고 해야 되겠지?"라고 말했다.

"그렇지. 그럴 수는 없지."

"아마 자네는 30일 동안 3분의 1을 달성하고, 60일까지 3분의 1을 달성하고, 90일까지 나머지를 달성하겠다고 계획을 세울 수 있겠지?"

"그래. 그건 아마 사실이겠지만, 첫 4주 동안은 우리 고객들이 그 아이디어에 대해 어리둥절해할 거야. 그리고 영업사원들에게는 어떻게 하면 이 일을 더 잘할 수 있는지 배울 시간이 필요할 거야."

클린트는 강한 어조로 "난 그냥 자네에게 이정표를 세우라고 부탁하는 거야. 만일 첫 30일 동안에는 자네가 세운 목표의 20%만이 달성되고, 60일까지는 45%, 그리고 90일까지 100%가 달성될 것이라고 생각해도 상관없어. 하지만 미리 그 중간 목표들을 세워야 해. 만일 그렇게 하지 않으면 자신과 다른 사람들에게 왜 또 한 달을 더 일해야 하고, 그 계획에 계속해서 돈을 써야 하는지 변명을 해야 할 테니까 말이야"라고 분명하게 설명했다.

론은 그의 말을 이해했다. 그래서 그는 계획을 실행에 옮기기 전에, 판매 부서가 처음 30일이 지날 때까지 판매와 문의 건수의 총계에서 최소한 20%를 달성해야 한다고 추정했다.

그런 뒤 30일이 지났을 때 그들이 전체 목표의 3%밖에 달

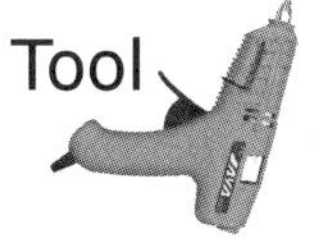

제시간에 목표에 도달할지 알 수 있도록 미리 이정표를 그려야 한다.

성하지 못한 것을 보고 론은 깜짝 놀랐다. 그래서 그는 그 계획을 폐기해버렸다. 론은 자신이 친구의 조언을 받아들임으로써 최소한 2개월 간의 결실 없는 비용 지출과 잘못된 방향으로의 진행을 피할 수 있었음을 깨달았다.

만일 그가 평소에 하던 대로 뭉뚱그려서 90일 간의 목표 계획을 추진했다면, 처음 90일을 넘기고 또다시 3개월을 더 보내야 하는 이유에 대해 변명을 늘어놓아야 했을 것이다. 그와 같은 실수가 연달아 이어지면 비용이 늘어나면서 손해를 입었을 테고, 그만큼 성공 가능성은 낮아졌을 것이다.

▎자신에게 알맞은 크기의 일을 하라 ▎

자동차 재생업계에서는 지금 많은 회사들의 합병이 진행되고 있다. 이런 현상은 다른 분야의 회사들도 마찬가지다. 재생 사업에서는 회사의 규모가 크다고 해서 꼭 자동차를 더 싸게 살 수 있는 것은 아니다. 규모가 커지면 반드시 회계와 행정 비용이 늘어난다. 하지만 그렇다고 해서 구매력이나 이윤이 나아진다는 보장은 없다. (하지만 경영 정보 시스템을 이용할 수 있다면 개선을 통해 행정과 회계 비용을 줄일 수 있다.)

보험 회사들이 경매로 파손된 차를 팔면 작은 회사들도 큰 회사들과 똑같은 값을 지불한다. 그래서 자동차 재생업계에서는 합병이 가장 큰 비용을 줄여주지는 않았다. 물론 합병이 적절히 이루어지기만 한다면 일부 분야의 비용을 줄이는 이득을 볼 수 있다. 대부분의 합병에서 얻을 수 있는 일차적인 혜택 가운데 하나는 브랜드 강화다. 이는 규모 덕분에 적은 비용으로 더 효과적인 마케팅을 할 수 있다는 뜻이다. 또한 고객이 신뢰하는 브랜드를 구축할 수 있다는 뜻이기도 하다. 하지만 많은 경우, 기대하는 이익은 실현되지 않는다.

당신의 사업 분야에서 합병이 진행되고 있다고 해서 겁먹지 마라. 합병으로 규모가 커진 회사들이 반드시 형편이 다 나아지는 것은 아니다. '큰' 경쟁자들의 영향력에 대항하기 위해 많은 작은 회사들이 뭉쳐서 새롭고 더욱 강력한 카르텔을 형성하고 있다.

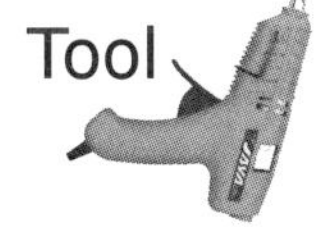

Tool

덩치 큰 경쟁자 때문에 겁 먹기보다 몇몇 직접적인 경쟁자들과 연합하는 방법을 고려하라.

당신에게 알맞은 크기의 일을 하라. 다른 사람들이 하고 있는 일에 대해 반응하지 마라. 자리에 앉아서 계획을 세우고, 생각하고, 당신에게 알맞은 일을 하라.

론의 친구 중에는 회사 규모를 키우려고 애쓰다가 거의 파산 지경에까지 이른 사람이 있다. 그는 현재 10억 달러를 벌어들이는 회사의 부회장이다. 그가 론에게 "자네 사업이 규모가 커져도 재고를 신경 써야 하고 재고 비용이 본질적으로 줄어들지 않는다면 규모를 더 키울 아무런 이유가 없어"라고 말했다.

자기 업계에서 합병이 이루어지고 있고 자신의 회사는 이미

꽤 크다는 사실을 깨달았을 때, 론은 효과적으로 경쟁하기 위해서는 자신의 회사가 좀더 효율적으로 움직여야 하고, 좀더 다변화되어야 하며, 좀더 성장해야 한다고 판단했다. 그것을 이루기 위해 자신의 전반적인 운영 방식뿐 아니라 자본 구조까지 개선해야 했다.

그래서 론은 자금을 투입해 더 크고 더 나은 회사를 만들 작정으로 주식을 발행하고 증권을 일부 팔아 대단히 많은 돈을 끌어모았다. 그 후 오래지 않아 그린리프사로부터 그의 전권을 사겠다는 교섭이 들어왔다. 비록 론이 사모 발행을 성공적으로 완수함으로써 주요 이정표에 도달하긴 했지만, 목표에 도달하기 전에 합병이 먼저 이뤄진 것이다. 이 합병은 론과 그의 투자자들에게 상당한 수익을 안겨주었다.

▌핵심 고객을 파악하라 ▌

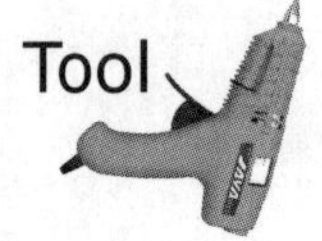

Tool

핵심 고객을 정하고 기록하라. 그럼 당신의 사업을 지탱해주는 핵심 인물들이 누구인지 실제로 알 수 있다.

우리가 조사한 바에 따르면, 미국에 있는 자동차 부품 재생 사업장 가운데 겨우 5%만이 주 고객에 대한 신상 정보를 확보하고 있었다.

당신의 핵심 고객은 남성인가 여성인가? 당신의 핵심 고객은 정비소인가 사고 자동차 수리업소인가? 아니면 소매 고객인가, 도매 고객인가?

주요 고객을 분류·정리하는 작업은 성공 앞에 놓인 장애물을 치우는 일이다. 이런 작업이 선행 되지 않으면 당신의 재생 사업장은 팔리지도 않을 고철들로 넘쳐나게 된다.

핵심 고객 정의가 중요한 까닭은 당신의 제품이나 재고가 고객의 구매 필요, 습관과 맞아떨어져야 하기 때문이다. 당신이 제공하는 서비스와 제품의 질은 고객의 필요와 기대에 부응해야 한다. 만일 핵심 고객을 명확하게 정의 내리지 않는다면 당신은 어떻게 그들의 필요를 이해하고 충족시킬 것인가?

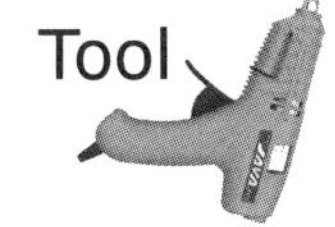

당신의 제품과 서비스는 핵심 고객의 구매 습관과 맞아 떨어지고, 또한 필요를 충족시켜야 한다.

자동차 재생업계의 소유주와 매니저들은 그저 '파손된 차를 사서 부품을 판다' 는 믿음을 갖고 살아가는 듯하다. 그들은 그것이 바로 자신들의 일이라고 생각하고 있으며, 차를 몰고 자신들의 사업장 옆을 지나가는 사람은 누구든지 예상 고객이라는 잘못된 결론을 내리곤 한다.

어리석긴 하지만 그래도 부분적으로는 진실인 어떤 이야기가 있다. 오래 전에 대형 우편주문 판매회사 두 곳이 있었다. 한 회사는 매년 약 4센티미터 두께의 책을 발간하여 미국에 사는 거의 모든 사람들에게 우송했다. 다른 회사는 고소득 고객들에게만 광고를 하기로 결정했으며, 더 나아가 좀더 세분화를 시도했다. 그들은 고소득 여성들을 원했고, 신상 자료를 통해 훨씬 더 구체적으로 접근했다. 결론적으로 그들은 개를 키우는 고소득 여성들을 원했다. 이들은 어떻게 되었을까?

그들은 성공을 거두었다. 반면 값비싼 카탈로그를 무분별하게 발송한 회사는 결국 파산하고 말았다.

다른 예를 들기 위해 꽃가게 사업을 살펴보기로 하자. 정말 많은 꽃가게들이 '우리는 화분을 사서 판다'거나 '우리는 꽃을 사서 판다'고 생각하고 있다. 그로 인해 그들은 모든 사람들이 그들의 고객이라는 결론을 내린다. 우리 업계와 마찬가지로 미국에서 영업을 하는 꽃가게의 95% 정도가 실제 구매 고객들을 나눠 신상 정보를 정리한 적이 없을 것이다. 결국 그들은 실제 구매자들을 겨냥하기보다 일반 대중에게 광고를 하느라 많은 돈을 허비하고 있다.

자기 자신에게 "나의 고객은 누구인가? 어떻게 생겼는가? 어느 인종인가? 직업은 무엇인가? 무엇을 필요로 하는가? 수입은 어느 정도인가? 어느 동네에서 사는가?" 같은 질문들을 던져보라. 그리고 "나는 싼 가격의 제품과 서비스를 제공하는가? 질 좋은 제품을 제공하는가? 그들이 정말로 원하는 것을 제공하는가?" 같은 질문도 스스로에게 던져보라.

예외적일 만큼 엄청난 성공을 거둔 사람들은 이렇게 자신들의 목표 시장을 정한다. 그런 뒤 새 떼 전체가 아니라 무리 속에 있는 특정한 새 한 마리를 겨냥하여 총을 쏜다.

"나의 고객은 누구인가?", 성공을 바라는 비즈니스 벤처의 모든 기업가들은 출근을 하는 날이면 날마다 이 질문을 스스로에게 던져야 한다. 당신이 인터넷 사업을 하든 가게에서 꽃을 팔든 중고 자동차 부품을 도매로 팔든, 날마다 스스로에게

Action!

사업장을 찾아오거나 주문 전화를 거는 사람들에 대해 자문해본 뒤 핵심 고객을 정하라.

Tool

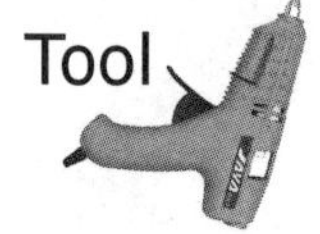

당신의 핵심 고객을 엄선했으면 기록하라. 종이에 옮겨 적을 때까지 그 일은 완결되지 않는다.

"나의 고객은 누구인가?"라고 물어야 한다. 단, 핵심 고객에 대한 정의는 달라질 수 있다. 고객을 한 번 정의했다고 해서 두 번 다시 생각할 필요가 없다고 믿어서는 안 된다.

시간이 지나면 당신은 이 질문을 던지는 것이 얼마나 중요한지 깨닫게 된다. 결실 없는 광고에는 돈을 덜 쓰게 되고, 실제적인 성과를 가져오는 광고에는 돈을 더 쓰게 될 것이기 때문이다. 이렇게 묻는 습관이 생기면 고객의 저변 또한 확대될 것이다. 예전보다 더 만족스러워하고 충성도도 높은 고객들을 확보할 수 있다. 덧붙여 말하자면, 대개 전문적인 사업을 하는 사람들이 일반적인 사업을 하는 사람들보다 제품이나 서비스 면에서 더 나은 대가를 받는다.

당신은 핵심 고객이 누구인지 알아야 한다. 구체적일수록 좋다. 넘쳐나는 부유한 고객들을 언제나 붙잡아두되, 그들에게 너무 얽매이지 마라. 핵심 고객이 가장 중요한 고객이다. 그들이 바로 당신의 대들보이며, 당신이 사업을 하는 이유다.

▌자신의 강점을 파악하라 ▌

당신은 자신의 회사가 싼 값으로 물건을 공급한다고 생각하는가, 고급 서비스를 공급한다고 생각하는가, 아니면 종합적 가치를 공급한다고 생각하는가?

언젠가 론의 친구가 그에게 "서비스와 품질, 가격 등 이 모든 면에서 최고 수준이 될 수는 없어"라고 말했다. 그리고 그에게 아무거나 두 가지를 선택하라고 충고하면서 세 가지 모두를 제공할 수는 없다고 강조했다.

론도 그것이 어렵다는 사실을 인정했다. 그러자 론의 친구는 "K마트 같은 할인점 가격으로 명품 백화점 품질을 유지할 수는 없어. 품질을 최우선으로 삼고 가격을 가장 나중에 생각하는 것을 자랑스러워하는 어떤 소매상들은 대단한 성공을 거두고 있지. 명품 백화점들은 여성들이 고급 실크 스카프를 갖고 싶을 때마다 자기 백화점을 떠올리게 만들려고 많은 돈을 쏟아붓고 있어. 하지만 명품 백화점들은 자신들이 최고급 실크 스카프를 제공한다는 사실을 자랑스러워할 뿐 결코 값이 싸다는 점을 내세우지 않아. 반면, 월마트는 싼값과 적당한 품질로 거의 모든 것을 취급하는 종합적 공급업자에 가깝지. 자네는 자신이 어디에 해당하는지 스스로에게 물어야 해. 자네가 종사하는 업계에서 자네는 어떤 종류의 공급업자이지?"라고 말했다.

당신의 대답은 핵심 고객에 대한 정의에 달렸다. 당신은 고객에게 적합한 품질과 서비스, 그리고 가격을 만족시켜줘야 한다. 그 나머지는 마케팅이다.

경쟁자들 틈에서 최고의 품질·가격·서비스를 제공할 수 없다면, 자신이 달성할 수 있는 두 가지 특성을 선택하라.

▎변화하라, 끊임없이 변화하라 ▎

거의 대부분의 매니저들이 실적 없는 직원들을 지나치게 오랫동안 데리고 있는 잘못을 저지른다. 예를 들어, 어떤 회사의 한 지점이 급격하게 실적이 떨어지고 있다고 해보자. 요모조모를 살핀 소유주는 마침내 아래 직원들을 제대로 통솔하지 못하는 지점장에게 문제가 있다는 사실을 깨닫는다. 지점장은 지점 직원들에게 좋은 실적을 요구하거나 독려하지 않는다. 하지만 소유주는 그 상황에 대해 아무런 조치도 취하지 않고 언제나 그랬듯 그 상태가 지속되도록 내버려둔다. 기껏해야 지점장에게 독려의 말을 하는 정도에 그친다. 이런 소유주는 지점장에게서 발견되는 결함을 똑같이 지니고 있는 꼴이다.

결국 그 회사는 큰 회사에 합병되고, 합병 회사의 지역 국장이 그 지점을 평가한 뒤 제대로 된 목표가 없음을 발견한다. 지역 국장은 새로운 목표를 세우고 행동 방향을 정하지만 직원들의 실적은 여전히 미흡하다. 그 지점은 아예 실적을 내지 못하고 있다. 그 후 오래지 않아 지역 국장이 자리를 옮기고 다른 지점장이 실적이 저조한 그 지점을 맡는다. 그래도 똑같은 결과가 나온다. 그 지점의 실적은 운영비를 왜 쓰는지 묻게 할 정도다.

우리는 이 문제를 어떻게 해소할 수 있을까? 우리는 운영 기준을 설정하고 점검함으로써 이 지점이 스스로 실적을 측정할 방법이 없었다는 사실을 발견할 수 있다. 이 지점은 계속해서 자기 가치 이상으로 모회사의 비용을 갉아먹는다. 적극적인 조치를 취하지 않으면 변화는 일어나지 않는다.

피츠사는 목표 및 예산을 설정하는 과정을 거쳤다. 하지만 2년 연속 새 기준에 미치지 못했다. DL은 실적에 만족할 수 없었으므로, 회사에 투여한 모든 자산에 대비하여 주주들에게 돌아갈 수익이 어느 정도가 되어야 적당한지를 연구했다.

피츠사는 당시에 많은 돈을 벌었고, 직원도 100명이 넘었다. DL은 분석을 통해, 자산을 쪼개어 일부를 대여하고 나머지를 재배치하면 자산을 좀더 합리적으로 배분할 수 있다는 사실을 알았다. 이것은 훨씬 더 나은 수익을 가져왔다. DL은 더 높은 수익을 내는 소규모 작업장에 찾아가서 적극적이고 필요한 조치를 취했다. 그 결과는 주주 수익의 극대화로 나타났다.

이것은 목표와 예산 충족의 실패로 인해 실적이 저조한 부분을 구조조정한 사례다. DL은 더 높은 수익에 도달하려면 구조조정과 좀더 보수적인 접근이 필요하다는 사실을 알았다.

그는 규모 축소를 통해 새 건물 한 동을 세웠고 피츠사의 다른 건물 두 동을 다른 사업자들에게 임대했다. 이로 인해 더욱 빨리 수익성을 확보하여 주주들에게 이익을 줄 수 있었다.

모든 일이 끝난 뒤, DL은 다음해를 대비하여 측정 가능한 기준들을 더 많이 설정했다. 그의 방향 전환이 옳은지 그른지를 알기 위해서는 어느 정도 시간이 걸릴 터였다. 하지만 결과

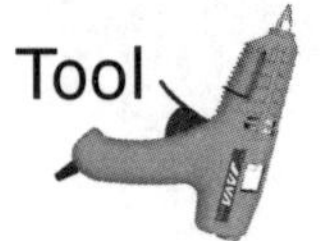

적극적인 조치를 취할 때까지 당신의 상황은 하나도 변하지 않을 것이다.

는 훌륭했다. 피츠사는 지난 10여 년보다 더 수익성 높은 한 해를 보냈다.

그리하여 피츠사는 그들에게 닥친 회사 양도에서 유리한 입장에 서게 되었다. 회사는 DL과 이사회가 이 같은 적극적인 조치들을 취하지 않았을 때보다 한결 나아보였다. 이는 물론 그렇게 하지 않았을 때보다 교섭에서 훨씬 더 강한 입장을 내세울 수 있다는 뜻이다.

DL은 "우리가 최고라고 생각하는 것에 대해 조치를 취했습니다. 당시에는 우리 회사의 양도가 임박했다는 사실을 알 방도가 없었죠"라고 설명했다.

만일 DL이 재정적인 관점에서 목표를 보지 않았더라면 여전히 큰 회사에 대해 약자의 입장에 머물렀을 것이다. 만일 피츠사가 성취 가능한 목표에 도달하는 데 실패할 것이라고 그들 스스로 인정하지 않았더라면 큰 회사가 합병하자고 했을 당시에도 여전히 실패를 뒤쫓고 있었을 것이다.

그것은 특히 DL에게 건전한 경영 원칙을 보여주는 매우 중요한 교훈이었다. 목표가 충족되지 않으리라는 사실을 처음으로 깨달았을 때, 그가 적극적인 행동 방향을 따라 움직이지 않았더라면 그들은 결코 회사를 팔 수 없었을 것이다.

측정 가능한 목표를 설정하고 필요할 때 조치를 취하는 행동의 가치가 바로 거기에 있다. 당신에게는 언제나 선택의 여지가 있다.

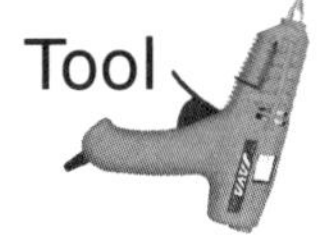

대차대조표에 정리한 자산들을 보고 작년에 얻은 이익과 손해를 살펴보라. 그것은 당신의 발전 정도를 측정할 수 있는 훌륭한 수치다.

┃이익 대비 비용을 측정하라┃

수많은 소규모 회사들과 대기업들이 저지르는 가장 큰 실수 가운데 하나가 비용 이익률 분석의 실패다. 당신은 인수를 하거나, 심지어 새로운 제품을 만들거나 새로운 서비스를 제공하기 전에도 비용 이익률을 분석해야 한다. 당신에게, 그리고 당신이 인수하거나 합병하려고 찾고 있는 기업에 무엇이 있는지, 또한 이윤이 실현되는 실적 기준에 도달하려면 비용이 얼마나 들지 판단해야 한다.

당신은 그것을 가격에 반영한다. 비용은 언제나 가격의 일부다. 직접적인 인수 가격만을 봐서는 안 된다. 진짜 비용에는 당신이 인수를 완료하고 운영을 통해 수익을 내는 데 드는 비용이 포함된다.

비용 이익률을 꼼꼼하게 분석하지 않는 것은 회사가 성장할 때 흔히 저지르는 실수들 가운데 하나다.

당신의 목표가 생산량을 늘리거나 더 많은 배송을 완수하는 것이라면 최소한목표 달성에 영향을 미칠 수 있는 세 가지 요인들을 고려해야 한다. 그 목표가 당신에게 가져다주는 이익을 판단하라. 당신이 그것을 달성했을 때 고객들에게 주어지는 잠재적인 이익을 판단하라. 그리고 그것을 달성하기 위해 필요한 변화에 따른 비용을 고려하라.

만일 비용이 이익을 초과한다면 당신은 인수를 하지 말아야

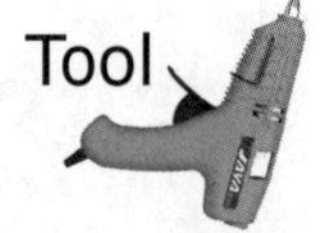

Tool

무언가를 인수할 경우, 그것을 완전히 인수해 운영을 통해 수익을 내기까지 어느 정도의 비용이 들 것인지 고려해야 한다.

한다. 당신의 선택은 욕심 또는 몽상이 될 것이다. 욕심은 당신을 수렁에 빠지게 만들거나 수년간의 발전을 비용으로 날리도록 만들 수 있다.

비용 이익률 분석은 회사가 성장할 때 당신이 채용할 수 있는 가장 중요한 방향 조정 수단 가운데 하나다.

우리 모두는 이런 것들을 머릿속에서만 궁리한다. 트럭이 얼마나 먼 거리를 달렸는지에 대한 실제적인 자료를 기록하고 조사한 뒤, 그 자료를 바탕으로 트럭이 얼마나 멀리 갈 것이고 또 얼마나 많은 연료가 들 것인지 측정하는 경영자나 소유주는 드물다. 또한 배송로 수정을 통해 배송을 얼마나 더 늘릴 수 있는지를 파악한 뒤 운전기사에게 정확히 요구하는 경영자나 소유주도 드물다.

비용 이익률 분석은 어떤 결정과 행동, 인수가 수익을 낼지 못 낼지를 미리 알기 위해 이익 대비 비용을 측정하는 것이다. 이것을 실행하는 사람은 탁월한 범주에 속하는 5%뿐이다. 그 나머지는 평범한 95%의 그룹에 속한다.

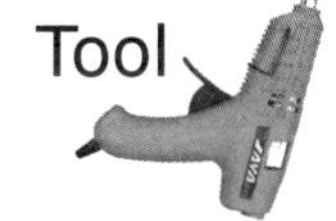

비용 이익률 분석은 인수를 통해 희망하는 이익에 대비되는 진짜 비용을 측정하는 것으로, 당신은 돈을 쓰기 전에 그 구매의 타당성을 가늠할 수 있다.

▎제안서를 활용하라 ▎

당신이 서비스에 대한 입찰을 요청하거나 새로운 공급업자에게서 제품을 구매하려고 할 때 가장 잘할 수 있는 방법은 공급업자나 서비스 제공자에게 제안요구서를 제출하는 것이다.

제안요구서를 제출하려면 당신이 원하는 바를 정확하게 글로 써서 정의하지 않을 수 없다. 많은 경우, 제안요구서 작성은 당신이 어리석은 약속이나 계약을 하기 전에 구해준다. 종이에 목표를 적다보면 공급업자나 서비스 제공자에게 가기 전에 자신의 아이디어가 가치가 있는지 없는지를 발견할 수도 있다.

앞으로 일어나게 될 일은 세 가지 유형, 즉 목표를 정의하지 못하거나, 정의는 했지만 아이디어가 너무 버거워서 (당시에는) 실행할 수 없다고 생각하거나, 정의 그 자체가 목표에 도달하기 위한 귀중한 도구가 되거나 가운데 하나다.

RFP(Request for Proposal, 제안요구서)가 목표 설정과 관련이 있다는 점을 기억하라. RFP를 활용하여 당신의 아이디어가 앞서 적어두었던 목표에 도달하는 데 도움이 될 것인지 미리 판단하라.

RFP를 작성함으로써 얻는 장점은 제안요구서와 관련된 당사자 모두에게 유용하다는 점이다. 당신은 그것을 예상 공급업자나 서비스 제공자에게 건네주기 전에 이사회 회원들과 멘토들, 그리고 조언자들에게 보여줄 수 있다. 이 시점에서 흔히 아주 훌륭한 평가 의견이 돌아온다.

그러나 당신은 훌륭한 평가 의견이 공급업자들과 서비스 제공자들에게서도 들어온다는 사실을 알게 될 것이다. 어떤 사

Action!

다음에 새로운 서비스가 필요할 때는 RFP를 이용하라.

업 계약에서든 의혹을 남김없이 제거하는 것이 매우 중요하다. 제안요구서는 당신이 기대하는 바를 보여줄 것이고, 그들이 당신의 기대를 충족시켜줄 수 있는지 밝히는 기회가 될 것이다.

작성된 문서가 없다면 그와 같은 평가 의견은 절대로 얻지 못한다. 그만큼 RFP는 괄목할 만한 성공을 거두기 위한 결정적인 도구다.

▌PDA를 이용하라 ▌

정보 정리를 성공적으로 하길 원한다면 PDA(개인 휴대 정보 단말기)를 주머니에 넣고 다녀라. 론은 모든 직원들에게 주머니가 있는 웃옷을 입으라고 권한다. 론 회사의 점장들은 PDA를 갖고 다니고, 나머지 직원들은 일할 때 포켓용 노트패드를 들고 다닌다. 이것은 사업에서 인간관계를 만들어나가는 사람이라면 누구에게나 해당한다. 성공은 정리하는 능력과 어떤 사람, 어떤 사건에 대한 자세한 정보를 그 자리에서 기억하는 능력에 달려 있다.

PDA가 있으면 목표를 금방 설정하고 나중에 다시 검토할 수 있다. 디지털 단말기에 저장된 메모들도 손쉽게 편집할 수 있다. 당신이 바쁜 사람일수록 이와 같은 메모 저장은 더욱 중요해진다. 차들이 많은 고속도로를 달릴 때 무언가 중요한 것이 떠오를 수도 있다(그렇다고 운전하면서 입력하지는 마라). 식사가 나오기를 기다리는 동안 값진 아이디어들이 생각날지도 모른다. 디지털 단말기가 있으면 이런 생각들을 바로 입력한 뒤 나중에 활용하기 위해 저장할 수 있고, 그 중의 어떤 것들은 계획이나 목표 달성에 본질적인 차이를 가져오기도 한다.

Action!

오늘 당장 PDA를 사라.

일단 PDA를 사용하기 시작하면 당신이 늘 안고 있던 '마음의 부담'으로부터 자유로워진다는 점을 알게 된다. 스트레스가 줄어서 더 행복해질 것이다. 또한 마음이 자유로우니까 분별력도 좋아지고 판단도 더 잘 내릴 수 있다.

당신이 메모한 사항을 모두 진행할 수는 없겠지만, 적어도 그것을 더욱 면밀하게 살피고 자신이 생각하거나 주변 사람들이 제안한 다른 아이디어들과 비교할 수 있다. 그래서 당신은 유용성이 떨어지는 아이디어들은 버리고 더욱 유용한 계획들을 실행에 옮길 수 있다. 이것이 바로 생산성이 지극히 높은 경영자들이 많은 일을 할 수 있는 이유다.

계획은 당신의 인생에서 의식적이고 일상적인 노력 가운데 하나다. 우리는 당신이 그 점을 놓치지 않길 바란다.

PDA 사용은 가장 효과적인 방식으로 현대 기술을 활용하는 것이다. 정리한 메모들을 뒤져서 자꾸 되씹다보면 계획 수립이 의외로 손쉽다는 사실을 알게 될 것이다.

론이 자신의 성공 이유를 PDA 사용 덕으로 대부분 돌리는 까닭은 PDA 덕분에 더욱 철저해질 수 있었기 때문이다. 그의 친구들이나 가족들은 때때로 그에게 전화를 걸어 전화번호를 묻곤 하는데, 이유는 그의 PDA에 전화번호가 기록되어 있다는 사실을 잘 알기 때문이다. 당신이 만일 론을 만난다면 그는 아마 당신에게 명함을 달라고 할 것이다. 그리고 당신에게 어떤 식으로든 협력을 기대할 수 있는 가능성이 지푸라기만큼이라도 보인다면 그는 자신의 PDA에 당신에 대한 정보를 기록할 것이다.

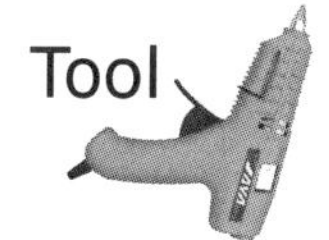

Tool

PDA가 있으면 당신의 계획 수립에 중요한 메모들을 어디에서든 기록할 수 있다.

론은 PDA에 있는 달력과 주소록 사용에 대해 "PDA는 몇 달, 심지어 몇 년 뒤의 계획을 세울 수 있게 해주기 때문에 매우 유용합니다. 당신은 다른 사람의 생일이나 거래 은행원과의 약속을 절대로 놓치지 않게 됩니다. 한순간의 신호로 당신을 다른 사람들과 이어주는 능력이 있는 이 놀라운 도구는 강력한 네트워킹 기회들을 제공합니다"라고 말했다.

론은 우리가 이 책을 들고 언론사를 찾아가기 전에 자신의 주소록 파일을 다운로드하여 친구와 지인들에게 엽서를 보냈다. 그들 가운데 3분의 1 이상이 책을 주문했고, 많은 사람들이 그 소식을 다른 사람들에게 전했다.

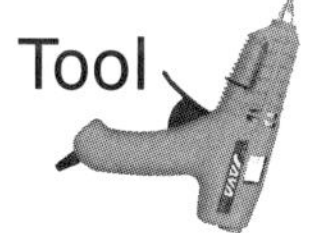

Tool

당신의 PDA가 선반에 놓여 있다면 아무런 소용이 없다. 들고 다니는 습관을 길러라.

론은 특수 선반이나 어떤 설비가 필요할 때 PDA에서 연락할 사람의 이름과 주소, 전화번호 같은 정보를 즉시 얻는다. 심지어 이런 연락망 정보는 10년 전 것까지 거슬러 올라간다.

PDA는 당신이 어디에 있든 효과적으로 일할 수 있게 해준다. 여러 가지 기능들을 잘 이용하면 스케줄 작성뿐 아니라 중요한 전화 요청, 회의, 메모, 숫자까지도 기억할 수 있다.

당신의 사업에서 PDA 같은 도구의 중요성을 과소평가하지 마라. 그것은 사치가 아니다. 자신의 삶과 사업 운영을 향상시키고자 하는 사람에게는 필수품이다.

▌ 자신만의 원칙을 준비하라 ▌

DL은 경매를 통해 차를 살 때 가능한 한 싸게 사도록 훈련받았다. 그의 전임 경영자는 피츠사에서만 쓰는 가격을 입찰함으로써 자동차를 구매하는 방법을 가르쳐주었다.

전임자는 "돈을 포기해야 한다는 뜻은 아닙니다. 더 싸게 살 수 있는 방법을 알고 있다면 그렇게 하세요. 하지만 그들이 다른 재생업자들에게 전화를 걸었는지 걸지 않았는지 모르는 상황이라면 적절한 가격을 부르세요"라고 설명했다. (자동차 재생을 위해 입찰하려는 손해 사정인이 여러 재생업자들에게 전화를 거는 것은 자동차 재생업계의 일반적인 관행이다.)

DL은 이 방법을 쓰면서 다양한 공급업자로부터 몇 배의 숨은 이익을 가져올 수 있다는 사실을 알게 되었다. DL이 이 기법을 배우기 전에는 경매 판매업자들이 와서 이러쿵저러쿵하고 특정 차에 일정한 금액을 부르면서 "더 높이 부르고 싶나요?"라고 묻는 일을 자주 경험했다. 그는 그 제안을 거절하곤 했다.

DL이 전임자의 충고를 따르고 나서부터는 많은 판매업자들이 그가 적절한 가격을 일관되게 제시한다는 사실을 알고 높은 가격 부르기를 중지했다. 그들은 더 나은 가격을 받기 위해 다른 곳을 찾아가기보다 DL의 말을 믿고 그에게로 바로 와서 물건을 팔곤 했다. DL은 피츠사에만 해당되는 가격으로 입찰을 했다.

이로 인해 사정인들과 공급업자들 역시 DL이 제시한 가격에 제품을 피츠사에 곧바로 파는 관행이 생겨났다. 그들은 DL과 그의 부하직원들이 정직하고 공정하며 일관된 제안을 한다는 사실을 알았다. 그래서 더 높은 가격의 제안을 찾는 것보다는 피츠사에 파는 것이 남는 장사라는 결론을 내렸다.

사고 파는 협상을 하는 사람들은 대부분 자신들의 목표가 '거래를 도둑질하는 것'이라고 생각한다. 하지만 그보다 중요한 점이 바로 관계다. 명성은 공정함을 바탕으로 세워진다. 누구든지 이기기 위해서 사업을 하므로 거래를 할 때는 얻는 것이 있어야 한다. 그것이 공평하다. 이 원칙은 DL과 피츠사에 두고두고 좋은 결과를 가져다주었다.

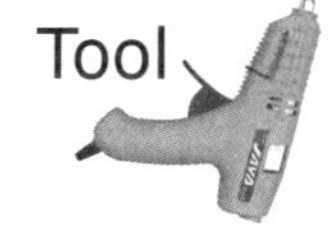

고객들에게서 '마지막 한 푼'까지 얻어내려고 애쓰지 마라. 당신은 가격이 아니라 가치에 근거해 판매를 해야 한다.

|목표를 세우고, 검토하고, 실행하라 |

목표 설정과 계획 수립은 기본적으로 3단계로 이루어져 있다. 당신의 계획이 유용한지 그렇지 않은지 결정하는 근거는 이 3단계의 세부 내용이다.

첫째, 당신은 자신과 다른 사람들이 볼 수 있도록 당신의 생각을 종이나 컴퓨터에 분명하게 정의해 목표를 세운다. 그런 다음엔 각각의 목표와 이정표에 어떻게 하면 제시간에 도달할 수 있을지 계획을 짠다. 목표를 달성하는 좋은 계획은 현실을 바탕으로 짜여진다. 사람들에게 기쁨을 주기 위해 자신이나 다른 사람들에게 거짓말을 해서는 안 된다. 거짓말을 하면 당신은 목표에 도달하지 못할 것이고, 사람들은 모두 "그렇게 계획을 세우면 좋은 점이 뭐지?"라고 의아해할 것이다.

그리고 마지막으로, 계획을 실행한다. 시간을 갖고 계획의 세부사항을 살폈으므로 이것은 무척 쉬운 일이 될 것이다. 이제 당신은 이미 생각해두었던 단계들을 밟아나가기만 하면 된다.

간단해 보일지도 모르겠다. 어쩌면 정말 너무나 간단해서 그렇게 많은 사업가 지망생들이 이 3단계를 실천하지 못하는 것은 아닐까? 그들은 자신들의 꿈속으로 걸어 들어가면서도 계획이 없고, 현실에서 어떤 사건들이 일어나는지 살피지도 않으며, 필요한 단계들을 철저하게 연구하지도 않는다.

사업 계획은 복잡할 필요가 없다. 간단하게 몇 가지 재정적·개인적 목표를 담은 목록만 있으면 된다.

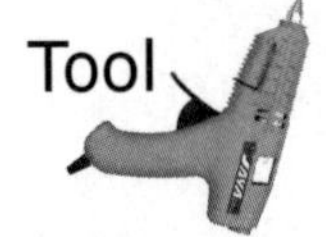

본질적으로 단 두 개의 목표만이 있다는 것을 기억하라. 재정적인 목표와 운영상의 목표!

만일 당신이 대부분의 사람들과 다른 예외적인 인물에 속한다면 계획을 세울 것이다. 목표를 설정할 것이다. 목표에 어떻게 도달할지 계획을 세울 것이고, 다음엔 계획을 실행할 것이다. 그렇게 하면 당신은 성공으로 가는 길에 들어서게 된다. 왜냐하면 당신은 명확하고 지혜로운 생각으로 다른 사람들을 이끌고 안내할 수 있기 때문이다.

chapter 3

성공한 사장의 신용 관리

| 은행의 속성을 파악하라 |

우리의 제안대로 은행원을 파악하기 전에 당신은 자신의 사업에 '좋은 은행원'이 무엇을 의미하는지 이해해야 한다.

일반적으로 말해서 은행원은 사업 고문이 아니다. 당신은 배송 트럭이 네 대가 있어야 하는지 다섯 대가 있어야 하는지를 은행원에게 물어서는 안 된다. 그는 당신의 사업 목적에는 관심이 없다. 은행원이 알고 싶어하는 내용은 오직 당신에게 얼마나 많은 배송 트럭이 필요하고, 당신이 어떻게 갚을 것인가 하는 점이다. 그는 당신의 자금 지출과 수입 현황을 보고 싶어한다. 그리고 당신이 은행에서 빌린 돈을 완벽하게 갚도록 만드는 것이 은행원의 책무다.

대출 담당자를 만나러 갈 때는 반드시 오늘까지의 재정 현황을 사실대로 보여주는 제대로 된 장부를 가져가야 한다. 당신이 투명하지 않다면 원하는 것을 얻지 못한다. "그러니까 우리는 확장을 생각하고 있는데, 한 40만 달러를 빌리고 싶군요"라고 말해서는 안 된다. 은행원은 그런 말을 듣고 싶어하지 않는다. 그는 신용을 책임지는 재정 담당자이므로, 수치를 정확하게 제시해야 한다. 은행원은 당신의 담보가 무엇인지, 구매가 당신의 자금 출입에 어떤 영향을 미칠지 알고 싶어한다. 그만큼 당신이 자세한 계획을 가져오길 바란다. 그는 서류를 봐야 한다.

당신은 은행원이 질문을 하기 전에 미리 모든 이야기를 다 해야 한다. 당신이 그 과정을 마치고 좋은 은행원의 책임을 올바로 직시한다면, 별도의 질문을 받지 않고도 대출 승락 전화를 받게 될 것이다.

Tool

은행원이 물을지도 모르는 질문을 미리 생각하여 답을 준비하라. 그럼 반드시 보상이 따른다.

은행원이 던질 질문들에 미리 답하라. 그러면 엄청난 존경과 신뢰를 얻게 될 것이다. 이런 눈에 보이지 않는 요소들이 모여 사업에 힘을 발휘한다. 당신이 좋은 은행원의 눈에 들어 존경과 신뢰를 얻는다면, 대체로 당신이 원하는 바를 성취할 수 있다.

잊지 마라. 좋은 은행원은 당신과 만나기 전에 당신으로 하여금 모든 과제를 끝마치게 하는 사람이다. 그 책임은 정말이지 당신의 몫이다. 당연히 부지런해야 한다. 그럼 담당 은행원은 당신에게 '좋은 은행원'이 될 것이다.

"사업을 시작하고 처음 15년 동안은 은행원과 만날 때 두세 장의 서류를 들고 가서 내가 원하는 바를 얘기하곤 했습니다.

우리는 그가 알아야 할 모든 항목들을 찾고 준비하느라 몇 주 동안이나 씨름하곤 했죠. 그는 자신의 위치에서 직원들에게 건네줄 대출 사유서를 작성하지 않으면 안 되었습니다. 내가 가져간 정보는 무엇이든 첨부했죠.

오해는 마십시오. 그는 대부분의 고객들이 가져오는 서류를 보는 데 익숙했고 다른 것은 거의 보지 않았습니다. 하지만 대부분의 고객들은 원하는 바를 얻지 못합니다. 당신이 정말로 성공을 원한다면 은행원의 일을 편하게 만들어주십시오. 그가 분명한 결정을 내리기 위해 봐야 하는 서류들을 준비해가는 겁니다. 그리고 그가 던질 모든 질문에 미리 답하십시오. 은행에 가기 전에 이런 세부 사항과 계획을 점검하다보면 자신이 먼저 서류상의 문제점을 파악할 수 있으므로 당신은 그것을 곧바로 수정할 수 있습니다."

론의 말로는 그가 만나본 최고의 은행원은 짐 머레이라는 남자였다. "짐은 다른 은행원과 전혀 달랐습니다. 그는 내가 만나러 갈 때마다 자리에서 일어나 책상을 돌아나와서는 사무실의 작은 탁자에서 나를 맞이했습니다. 그것은 무척이나 친절한 태도였고, 나는 언제나 그가 우호적인 관계를 진심으로 원한다고 느꼈습니다. 은행원이 나에게 한 말 가운데 최악의 말은 '황금을 가진 사람들이 규칙을 만든다!' 같은 다소 차가운 변명입니다. 하지만 짐은 그렇지 않았습니다."

친절한 은행원을 찾아라. 그들은 실제로 주변에 있으며, 당신이 생각하는 것만큼 드물지 않다. 직관이 당신을 인도하게 하라. 당신은 좋고 견실한 은행 관계를 쌓을 수 있는 상대를 찾고 있다.

작은 은행들뿐 아니라 중간 규모의 지역 은행들을 찾아보는 것도 좋은 방법이다. 그럼 좋은 사람과 참된 관계를 맺을 가능성이 그만큼 커진다.

은행원이 점검하는 다섯 가지 사항

은행원들은 대출 요청서를 분석할 때 일반적으로 5가지 기준들을 고려한다. 특별히 순서는 없다.

① 상환 능력

당신의 대출 상환 능력은 어떠한가? 상환 능력이 추정 수익만을 근거로 한다면 대부분의 은행은 새로운 비즈니스 벤처를 지원하지 않을 것이다. 그들은 보증인이나 자금 출입처, 또는 추가 담보 같은 상환 자원들을 찾아야 한다.

② 신용

신용이 나쁘면 대출을 받을 수 없다. 설령 중소기업을 위한 소액 대출이라도 말이다. 당신의 신용도가 떨어져 있고, 연체를 한 상황이라면 오늘부터 당장 부실한 이력을 고치도록 하라. 그러면 약 12개월 후에는 온전한 자격을 얻게 된다. 단 한 번의 연체라도 문제가 될 수 있다. 적은 금액의 연체라도 은행원들에게는 큰 문제다. 왜냐하면 연체는 당신의 성향을 보여주기도 하지만, 당신의 대출 요청을 들어준 은행원에게 위험 부담으로 다가올 수 있기 때문이다.

많은 사람들이 적은 연체금은 대수롭지 않을 거라고 생각하지만 연체금은 금액과 상관없이 은행원들에게 커다란 문제다. 만일 당신의 주택 담보 대출금 납입이 늦어진다면 그것 또한 커다란 경고 신호다.

은행원의 관점에서 바라보라. 적은 금액이라도 추심을 받거나 제때에 담보 대출금을 납입하지 못하는 사람은 상업 대출에서도 문제를 일으킬 가능성이 있다. 그것이 그들의 관점인 만큼 당신의 요청은 거절 당할 수 있다. 그래서 좋은 신용이 중요한 것이다.

③자본

은행원들은 당신의 일에 어느 정도 보호막이 있을 것이라고 기대한다. 자금을 빌리려는 많은 사람들이 은행은 돈이 있고 돈을 빌려주므로 일이 될 것이라 생각한다. 틀렸다! 은행도 사업, 그것도 매우 통제된 사업이다. 은행 관리들은 당신의 투자금 두세 배 이상으로는 대출해주지 않는다. 이것이 바로 자산

부채비율이고, 대출 신청이 들어오면 반드시 고려되는 주요 사항이다.

④ 담보

담보는 당신이 대출금을 갚지 않았을 경우 그 돈을 메우기 위해 은행원이 활용할 거리가 있음을 보장한다.

⑤ 성향

이것은 당신의 신용 보고서와 비슷한데, 당신의 신용 보고서는 분명 당신의 성향을 보여준다. 오늘날 많은 은행들은 특히 높은 대출 금액에 대해서는 대출자들의 이력을 꼭 확인한다. 그들은 관련 회사들의 다른 고객들에게 전화를 걸어 업계 내에서의 당신의 성향에 대해 물어볼 것이다. 이것이 바로 가능한 한 악어들이 당신의 연못에 들어가지 못하도록 막아야 하는 이유다. 당신은 갑자기 문제가 생겨 자금 도입의 가능성을 망치기를 원치 않을 것이다.

오늘날 대부분의 은행원들은 당신의 재정 상태가 좋게 변하든 나쁘게 변하든 그것을 분석하는 데 도움을 주는 소프트웨어 프로그램들을 갖고 있다. 이 프로그램들은 대출 신청을 하는 고객들에게 은행원들이 물어야 하는 질문까지도 만들어낸다. 예를 들어, "판매는 20%밖에 늘지 않았는데, 왜 재고는 35%가 늘었는가?" 같은 질문 말이다. 그 소프트웨어 프로그램들은 대출자에게 맞는 정확한 숫자들을 뽑아낼 것이다.

재정보고서를 제시하기에 앞서, 주의 깊게 살펴보고 그와 같은 질문들에 미리 답을 해보라. 당신이 그렇게 한다면 자신의 사업을 통제하고 있음을 보여주는 셈이다. 은행원들은 이런 것을 보고 싶어한다.

당신 회사의 긍정적인 발전에 대해 늘 은행원에게 알려라. 이것은 좋은 일이 있을 때 자랑할 수 있는 기회다. 당신 회사에 대한 기사가 실린 신문을 스크랩하여 그에게 보내라. (그것이 실제 신문을 보내는 것보다 낫다.) 은행원은 그것을 당신과 관련한 자료철 안에 넣어둘 테고, 만일 당신이 대출 신청을 하러 가기 전에 그가 은행을 옮기더라도 정보는 남아 있다.

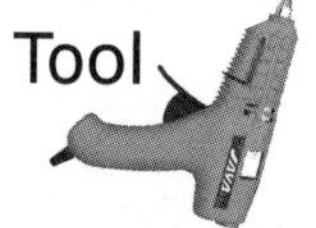

Tool

목표를 성공적으로 달성하기 위해 당신이 세워야 하는 사업 계획은 대출 받는 데 도움이 된다.

은행원들이 가장 골칫거리로 생각하는 사람은 대출 신청을 할 때 어떤 이유로든 재정보고서를 제출할 수 없거나, 제출하려 하지 않거나, 제출하지 않는 고객이다.

사업 초창기, 준비가 되어 있지 않았던 론은 재정보고서를 훼방꾼 정도로 여겼다. 하지만 대출을 받기 위해서는 태도를 바꾸어 재정보고서를 준비해야만 했다. 그는 현재와 앞으로의 재정 상황에 대한 서류들을 준비하면서 곧 커다란 이점들을 발견했다. 즉, 수치들과 향상 방안을 생각하고 그 수치들이 실제로 의미하는 바를 분석하면서 시간을 보낼수록 회사 운영에 더욱 능숙해진다는 점을 발견한 것이다. 그 이점은 단순히 은행원을 기쁘게 하는 데 그치지 않았다. 그 후로는 대출 신청을 진행하는 데 필요한 서류들을 은행원에게 제출할 수 있게 되었다.

주요 서류들을 제출하지 못하는 고객은 부실한 경영자이고 은행원들은 기가 막히게 그들을 정확히 알아본다. 은행원은 수치와 그것이 의미하는 바를 이해하는 데 시간을 들이지 않는 사람에게는 대출을 무척 꺼릴 것이다.

▍대비책을 마련하라 ▍

당신이 거래하는 은행원이 좋은 은행원인지 어떻게 알 수 있을까? 은행원은 당신의 작업장을 분기에 한 번이나 두 달에 한 번씩, 아니면 그 이상으로 자주 방문할 것이다. 그가 이렇게 하는 이유는 당신을 놀라게 하기 위해서가 아니라, 사업 계획에 맞게 조금씩 발전을 이루어가는 당신의 모습에 각별한 관심을 보이기 위해서다. 즉, 당신의 대출금이 크든 작든 상관없이 상부상조하는 관계를 쌓으려고 노력하는 것이다.

그렇다면 당신도 은행원에게 보조를 맞춰야 한다. 당신이 좋은 은행원을 원한다면 그에게 당신과의 관계를 발전시켜야 하는 이유를 보여줘라. 그에게 당신이 꿈꾸고 있는 사업이 얼마나 근거 있는지 느끼게 해주고, 그의 입장에서 볼 때 당신의 작업장에 투자한 것이 건전한 사업적 결정이었다는 사실을 증

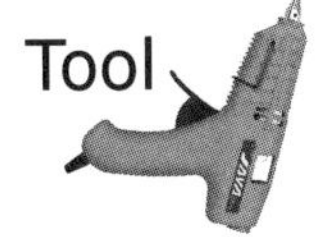

Tool

당신의 자금 흐름은 새로 산정된 대출 납입금보다 커야 한다는 점을 기억하라.

명해보여라.

DL은 은행에 갈 때 이와 같이 한다. 이 접근 방법은 그 가치가 증명되어서, 피츠사가 그들이 원하는 방향으로 나아가도록 도와준다. DL이 서류를 일괄적으로 준비하는 것은 은행원에게 모든 정보를 남김없이 제공한다는 의미다.

왜 그들이 당신에게 사사건건 물어야 하나? 그들이 필요로 하는 바를 모두 제공하라. 그러면 당신은 긍정적인 대답을 위한 바탕을 마련한 셈이다.

1992년에 그레이엄 작업장을 지을 당시, 피츠사는 은행으로부터 많은 돈을 빌려야 했다. DL과 그의 아버지는 돈을 빌리기 위해 최초의 마케팅 조사에서부터 새로운 작업장을 운영하려는 이유까지 모든 내용을 은행원에게 설명했다. 또한 은행원에게 계획 수립을 위한 회의록을 보여주면서 그들이 어떻게 결정에 이르게 되었는지 이야기했다. 그들은 온전한 그림을 그렸고, 숨김없이 말했다.

은행원은 그들이 예상하고 있던 모든 것을 알고 있었다. 또한 그들이 왜 모험을 무릅쓰려고 하는지 이해했고, 그들의 바람에 담긴 진정한 잠재력을 파악했다.

하지만 이 모든 준비가 결정적인 역할을 하게 된 가장 큰 이유는 대출 계획이 승인되기 한 달 전쯤 담당 은행원이 그 은행을 떠났기 때문이다.

DL은 "우리 사업이 앞으로 나아가기 위해서는 대출이 꼭 필

Tool

최소 두 군데의 은행과 관계를 쌓아두는 것이 유리하다. 비용이 줄어들기 때문이다. 단 신용이 불량하면 아무 소용이 없다.

요했습니다. 그 일이 너무나 중요한 나머지 아버지와 나는 동시에 각자 다른 은행원을 찾아가 대비책을 마련했습니다. 그렇게 할 수 있었던 것은 아버지가 경험을 통해 그 가치를 배웠기 때문입니다. 그분은 인간관계에 탁월하시죠"라고 말했다.

대비책 마련이 중요했던 까닭은, 새 은행원은 그들을 좌지우지하지 못했고 그들에게 처음부터 다시 질문할 필요가 없었기 때문이다. 피츠사는 은행 자료철 속에 있는 자신들의 이력이 완벽하다는 사실 덕분에 대출을 받을 수 있었다. 더 이상 물을 질문이 없었던 것이다. 만일 피츠사가 첫 번째 은행에서 대출을 받지 못했다면 분명 예비 은행으로부터 대출을 받았을 것이다.

당신의 할 일을 하라. 은행원을 만나기 전에 질문에 대한 답을 준비하라. 이때 증명 가능한 수치들을 모두 종이에 기록하라. 그 다음엔 대비책을 세워 보완하라.

당신의 첫 번째 은행원은 대비책에 대해 모르거나 전혀 들어보지 못했을 수도 있지만, 당신이 준비한 대안은 질문을 날카롭게 만들고 관계를 정직하게 유지하는 데 도움을 준다.

▌은행과 좋은 관계를 쌓아라 ▌

또 다른 예를 보면, DL은 항공에 대한 열정을 키우면서 한

공항에 임대용 행어 여섯 대를 나란히 설치하고 싶어했다. DL은 자신의 사업계획을 구체적으로 점검해가면서 은행원에게 계속 그 사실을 알렸다. 그는 자신이 왜 그 일을 하고 싶어하는지 이야기했고, 시장의 잠재력을 보여주었으며, 끝이 가까워오면서 진척 현황에 대한 보고서를 제시했다.

DL은 사실 돈이 필요하지는 않았지만 자신이 무엇을 하고 있는지, 그리고 왜 하고 있는지 은행원이 알아야 한다고 생각했다. 만일 더 큰일을 추진한다면 적절한 설명을 할 생각이었다. DL은 투자금이 회수되리라는 것을 알고 있었으며, 은행원에게는 더 큰 대출금도 완벽하게 갚을 것임을 보여주었다. 그것은 또 다른 형태의 대비책이었다.

DL은 은행원에게 계속해서 회사의 발전을 알리기 위해 2주에 한 번 정도 진행 상황을 자세히 적은 이메일을 보냈다.

그는 "그녀가 적극적인 은행원이고, 내가 그녀에게 계속해서 소식을 전했기 때문에 그녀는 내게 전화를 걸어 신용 한도액을 상당히 늘릴 수 있는 보강 서류 작업에 대해 알려주었습니다. 내가 그것을 요청한 게 아니에요. 나는 기대도 하지 않았고, 돈 한 푼 들이지 않았죠. 그녀는 우리 사업 관계에서 자신의 몫을 하고 있었습니다. 그녀가 노력한 덕분에, 내가 종합 대출을 받으려 할 때 대출 이자가 실제로 낮아졌습니다. 그것은 그녀가 좋은 은행원이라는 표시입니다"라고 말했다.

은행원에게 꾸준히 소식을 전하고 그와 돈독한 관계를 쌓아나가라. 그러면 이득이 있을 것이다.

▌신용을 보호하라▌

언젠가 한 은행원은 론에게 서글픈 어조로, 자신이 5%를 제외한 고객들하고만 사업 관계를 맺고 있다고 밝힌 적이 있었다. 그의 말에 의하면, 95%의 고객들을 만나는 유일한 때는 그들이 과다 인출을 하거나 대출을 원하거나 특별관리대상 목록에 올라 있을 때다.

신용을 보호하라. 론은 15년 전, 가구를 사기 위해 어느 가구점에 들른 적이 있다. 당시에 그는 지금과 달리 꽤 큰돈을 벌고 있었고, 얼마든지 가구를 살 수 있을 거라고 생각할 정도로 잘나갔다. 하지만 놀랍고 실망스럽게도 그는 은행원으로부터 대출을 거절당했다. 그는 충격을 받았다. 은행측에서 대출을 거절한 까닭은 그의 신용카드 사용에 두세 건의 '연체' 가 기록되어 있었기 때문이다.

방해가 되는 암초는 론의 게으름이었다. 신용카드 사용액을 제때에 갚을 돈은 늘 있었지만, 그렇게 할 방도를 마련하지 않았던 것이다.

론은 "그 당시에 나는 습관적으로 책상 한구석에다 청구서들을 쌓아놓았습니다. 은행에 청구서 금액을 내려가는 게 그

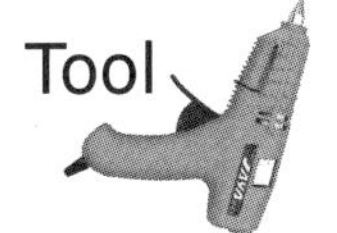

Tool

단 한 건의 '연체' 도 안 된다. 여러 건의 연체는 당신을 'B' 급 고객 명단에 올려, 은행원들에게 골칫거리로 낙인찍히게 만든다.

냥 귀찮았을 뿐입니다. 어쩌면 청구서 금액을 내기 위해 은행에 가는 일이 내 정신을 산만하게 만드는지도 모르겠어요. 돈이 없어서 청구서 금액을 제때에 내지 않았던 것은 아닙니다. 아무튼 그날은 하루 종일 고생을 했습니다. 나는 그 자리에서 다시는 내 신용 보고서에 연체가 생기지 않도록 하겠다고 맹세했습니다. 그리고 내 개인 청구서들을 몽땅 가져다가 경리 직원에게 넘겼죠. '여기 수표책이 있네. 내 개인 청구서 금액들을 좀 내주게. 청구서가 날아오면 자네에게 넘겨줄 테니까 말이야.' 요즘에도 나는 내 개인 청구서 금액을 직접 내지 않습니다. 만일 당신이 어떤 이유 때문에 그 일을 할 수 없다면 당신이 신뢰하는 사람에게 시키십시오. 만일 그들이 그 일을 하고 싶어하지 않거나 당신보다 능숙하지 못하다면 사람을 고용하십시오. 어쨌든 청구 금액은 제때에 갚아야 합니다"라고 말했다.

이에 "물론이죠, 론. 그게 당신에게 좋을 겁니다. 하지만 내겐 당신처럼 벌 수 있는 돈이 없어요. 내 청구서 금액을 내라고 시킬 경리 직원도 둘 수 없다고요"라고 말하고 싶은 독자가 있을지도 모른다.

론의 대답은 분명하다. "나는 아직도 우리가 일요일마다 폐차장에서 하루 종일 일을 해 식료품 살 돈을 번 뒤, 세 아이와 함께 이동식 주택으로 돌아오곤 했던 때를 기억합니다. 농담이 아닙니다. 우리는 한 시간이 됐든 네 시간이 됐든 식료품

Tool

당신이 취약한 부분에서는 다른 사람들의 재능과 기술을 활용함으로써 회사를 강하게 만들어라.

Action!

오늘 당장 당신의 신용 보고서 한 부를 주문하라.

가게에 갈 만한 돈이 들어올 때까지 거기에서 부품들을 팔곤 했습니다."

하지만 이 주장 때문에 모든 청구서를 제때에 다 납입해야 한다고 결론짓지는 마라. 당신이 돈을 제때에 내는지, 청구서를 제때에 납입하는지 등의 내용은 분명히 알고 있어라. 은행에는 언제나 제시간에 돈을 갚되, 예를 들어 공과금에 대해서는 지불을 연기해야 한다면 그렇게 하라. 이 전략은 나중에 이익을 가져다줄 것이다.

만일 당신이 오늘 공과금과 대출 납입금 모두를 내야 하는데 돈이 모자라서 어느 쪽을 내야 할지 고민이 된다면, 대출 납입금을 먼저 갚아라. 신용카드 결제액도 본질적으로는 대출 납입금과 같으므로 똑같이 다뤄라. 공과금은 공급을 중단하기 전에 통고를 하게 되어 있다. 하지만 대출 담당자는 당신이 만기일을 놓치는 바로 그 순간 연체 보고를 할 것이다.

어디에서 시작하건 당신의 목표는 신용을 쌓는 것이다. 당신은 사정에 눈밝게 처신함으로써 믿음을 쌓을 수 있다. 그렇게 하지 않으면 나중에 발목을 잡히게 된다. 중요한 청구서를 제시간에 갚을 방법을 찾아라. 다음엔 만기가 된 모든 청구서들을 갚을 방법을 찾아라. 사업 관계 청구서들을 처리한다고 개인 청구서들을 무시해서는 안 된다. 신용에 관한 한 당신은 당신이라는 회사의 소유주로 간주되기 때문에 개인적 지불과 사업상 지불이 똑같이 하나로 취급된다.

Action!

신용정보기관의 경보 서비스를 이용하라. 그러면 언제 당신의 신용정보가 열람되는 지, 명예를 손상시키는 정보가 언제 보고되었는지 알 수 있다.

은행원이나 담보권자의 특별관리대상 목록에 오르지 않도록 주의하라. 당신이 특별관리대상 목록에 올라 있다는 것은 자동차가 보험에 들어 있어야 하는데 그렇지 않다거나, 만기에 세금을 내지 않았다거나, 필요한 서류를 제출하지 않았다거나, 수표를 발행할 돈이 충분치 않다는 뜻이다. 대출에 관한 한 그것은 '연체' 만큼이나 나쁘다. 왜냐하면 대출금이 제때에 회수되지 못하는 위험에 빠질 수 있다는 뜻으로 비쳐지기 때문이다. 만일 당신이 특별관리대상 목록에 오르면 대출을 통한 자금 조달에 어려움을 겪게 된다.

이자율에 대해서도 은행원을 지나치게 몰아세우지 마라. 특히 신용을 쌓아가는 초기에는 말이다.

이렇게 한번 생각해보라. 당신이 은행에 가면 대출 담당자가 "자, 우리에게 많은 돈을 벌어주는 사람이 왔군. 좋은 고객이지"라고 말해주기를 원한다. 담당자가 마중나와 당신의 손을 잡고 악수해주기를 원한다.

만일 당신이 과다 인출을 하거나, 대출을 원하거나, 특별관리대상 목록에 오르거나, 또는 이자율을 0.5포인트 이상 깎으려고 할 때만 은행원을 만난다면 그런 일은 일어나지 않을 것이다. 은행원은 대체로 당신에게 공정한 이자율을 적용할 것이다. 은행원은 당신이 대출금을 갚길 원한다. 그러므로 은행원의 입장에서 당신이 은행에 들어갈 때 어떻게 보일지를 생각해보라.

은행원을 만날 때는 언제나 긍정적인 자세를 취하라. 그는 문제들을 파악해야 하지만 그것들을 물고 늘어지지는 않는다. 당신의 문제들이나 어려운 점들에 대해 말할 때는 대화하면서 해결책을 제시하라. 은행원들은 변명을 듣고 싶어하지 않는다. 같은 업계에 종사하는 다른 고객은 멋진 한 달을 보내고 있다고 말하는데, 당신은 그렇지 않다면 은행원은 왜 그런지 궁금해한다. 그는 당신의 경쟁자가 판매나 경영에서 더 뛰어나다고 간단히 결론 내릴 것이다. 은행원은 지금 당신이 사업에서 어려움을 겪고 있다고 생각한다. 그를 속일 수는 없지만, 당신이 창의적이고 책임감이 있으며 성공을 위해 무엇이든 할 뜻이 있음을 보여줄 수는 있다.

프레젠테이션을 다듬고, 답을 준비하고, 신용을 보호하라. 그러면 당신은 은행원들 사이에서 새로운 기준으로 우뚝 서게 된다. 당신이 일단 중요한 재정적 가능성의 영역에 도달하기 시작하면, 자신의 신용을 관리하는 일이 얼마나 중요한지 깨닫게 될 것이다.

▌질문을 던져라 ▌

당신은 은행원의 일을 편하게 만들어줄 필요가 있다. 이것은 아무리 강조해도 지나치지 않다. 우리는 이 일의 중요성을 배우기 전에 때때로 우리 사업에 대해서 잘 모르는 은행 이사들과 대화를 나누곤 했다. 은행 이사들이란 이사회에 참석하여 살리느냐 죽이느냐 하는 결정을 내리는 무시무시한 사람들이다.

당신에게 기회가 생긴다면 "이사님들 중에 제 사업을 좀더 잘 이해해야 할 필요가 있는 분이 계신가요?"라고 물어보라. 이는 무례한 행동이 전혀 아니다. 당신은 그저 부당한 장애 없이 승인을 받고 싶다는 사실을 그들에게 알리고 있을 뿐이다. 단, 다른 사람의 기분을 상하게 해서는 안 된다. 그것은 상식이다.

당신의 사업에 대해 알지 못하는 은행 이사와 어색하게 앉아 있기보다는 대출 담당자에게 이사 한 사람을 점심식사에 모시고 나오라고 요청하라. 당신이 믿음직하고 당신의 사업장이 괜찮아 보인다면 이사와 함께 한바퀴 돌아보는 것도 선택을 하는 데 도움이 된다.

그 이사가 이사회에서 영향력이 있는 사람이면 더욱 좋을 것이다. 점심 초대를 할 때 대출 담당자에게 영향력 있는 이사면 좋겠다고 말하거나, 아직 당신의 사업에 대해 이해하지 못하는 이사와 같이 오라고 부탁해도 괜찮다. 그것은 회사와 자신에 대한 이미지 및 신뢰에 관한 문제다. 당신의 이미지가 긍정적이고 믿음직하다는 점을 증명할 수 있다면 그 이사는 다른 이사들에게 보증을 서줄 것이다.

Tool

당신의 작업장이 멋져 보인다면 은행 이사와 대출 담당관을 초대하여 당신이 어떻게 사업을 하는지 보여줘라.

만일 그렇지 못하다면 은행에 갈 때마다 골치를 썩게 된다. 그가 당신을 만나서 좋은 느낌을 가졌다면 단순히 서류 한 장을 제출하기 위해 대출 순번을 기다릴 때보다 훨씬 이득이며, 그는 당신 편에 서서 표를 던지고 다른 이사들을 설득할 수도 있다.

당신의 할 일을 하라. 긍정적인 홍보를 통해 좋은 인상을 심어주고, 당신의 회사를 상기시키는 방법을 배우라. 은행원에게 계속 소식을 전하고 가끔씩은 점심식사에 초대하라. 그의 일하는 방식을 이해하려고 노력하라. 어떤 은행원은 특별관리에 민감하고, 어떤 은행원은 과다 인출에 민감하다. 당신은 은행원과 관련된 모든 면에 신경 쓰고 노력해야 하지만, 특히 그들의 관점에서 무엇이 '치명적'인지 이해해야 한다.

당신이 월말에 과다 인출을 하게 되면 이사 보고서에 이름이 오른다는 사실을 기억하라.

대강 정리해보자. 당신이 은행원의 생활을 더 편하게 만드는 법을 배운다면, 그 사람은 당신을 위해 많은 일을 해줄 것이다.

Action!

은행원을 점심식사에 초대하라.

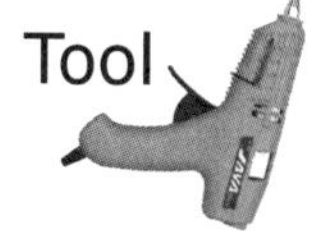

Tool

은행원의 일을 편하게 해줘라. 그럼 그 사람은 당신을 위해 훨씬 더 많은 일을 해줄 것이다. 그리고 월말에는 과다 인출을 하지 않도록 하라.

▌빚을 지혜롭게 사용하라 ▌

사업을 시작하고 몇 해 동안 론은 수입이 별로 없었다. 많은 소규모 사업주들처럼 그도 현금이 어느 정도 생기면 그때마다 자기 몫의 현금을 챙겼다. 당연히 그 기간 동안에는 소득세를 많이 내지 않아도 되었다. 그런데 어느 날 사업 확장을 위해 돈을 빌리러 은행에 갔을 때, 그는 그것이 자신에게 얼마나 불리하게 작용하는지 깨닫게 되었다.

론은 새 건물을 짓고 배송 트럭을 사기 위해 25만 달러가 필요했다. 그런데 은행원이 그의 소득세 보고서를 살펴보고는 "론, 당신은 작년에 2만 달러밖에 벌지 못했군요. 이 대출의 납입금은 연간 5만 달러가 넘습니다. 대출금을 어떻게 갚으실 거죠? 당신은 대출금을 갚을 능력이 없습니다. 그래서 대출을 해드릴 수 없습니다. 당신이 수입이 생길 거라고 얘기하고 있는 건 압니다. 그건 좋아요. 하지만 당신은 그것을 세금 신고서를 통해 보여줘야 합니다. 당신이 소규모 사업가라는 사실을 우리가 이해 못한다는 것이 아니라, 우리가 많은 대출을 해주려면 먼저 당신이 2만 달러가 훨씬 넘는 소득을 올린다는 사실을 우리에게 보여줘야 한다는 말입니다"라고 설명했다.

론에게 이것은 힘들게 얻은 교훈이었다. 부끄러움도 느꼈다. 하지만 우리 모두 결코 잊어서는 안 되는 일이다. 계획을 어떻게 세우고 관리하느냐는 당신의 미래를 결정하는 중요한 요인이다.

론의 경우 자신의 밑그림을 바꾸었고, 은행원의 관점을 이해하기 위해 애썼다. 또한 모든 서류를 준비하고 수입의 타당성을 높이기 위해 돈의 운영법을 배웠다. 그것을 배우는 데는 시간이 걸렸지만, 그의 사업에 커다란 변화를 가져왔다. 그 전까지 론의 사업 성장이 더뎠던 이유는 기본적으로 계획을 제대로 세우지 않았기 때문이다.

chapter 4

성공한 사장의 재무 관리

┃현금은 쌓아두지 마라 ┃

론이 아는 한 비즈니스맨은 10년에 걸쳐 30만 달러가 넘는 현금을 모았다. 그런데 그는 돈을 깡통 속에 넣어 보관했다. 그러던 어느 날 그가 "론, 나는 정말 이 세상에서 가장 어리석은 사람이에요"라고 말했다. 론은 곧바로 대답하지 않고, 계속해서 그의 이야기를 들었다.

"내가 돈이 생겼을 때 그 돈을 은행에 넣어두고 세금을 냈더라면, 한 해 수입은 3만 달러고 세율은 20%니까 세금은 6000달러가 됩니다. 그럼 한 해 소득은 2만 4000달러가 되었겠지요. 만일 내가 부동산이나 더 많은 재고를 사놓았거나 건물을 늘렸다면 십 년 뒤 그 30만 달러는 100만 달러가 되었을 겁니다. 내가 30만 달러로 어떻게 했어야 하는 거죠?"

"당신은 그 돈을 쓸 수도 없습니다. 그렇죠?"

그 남자는 고백하듯 "그래요, 어떤 식으로든 그 돈을 나누

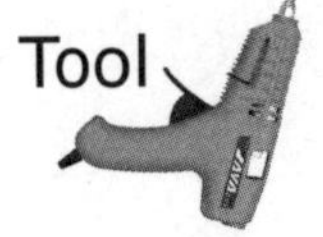

Tool

돈을 숨기는 일은 현관 앞의 포장도로 밑으로 호스를 통해 물을 흘려보내는 것과 같다. 그 차도는 곧 내려앉을 것이다.

어줘야 합니다"라고 말했다. 말할 것도 없이 그는 국세청에서 자신을 잡으러 오지 않을까 늘 노심초사했다.

당신은 알고 있는가? 이 남자처럼 돈을 숨기면, 먹고 입고 집에 둘 수 있는 물건을 사는 데만 안전하게 돈을 쓸 수 있다. 만일 그보다 더 많은 돈을 숨기려고 한다면 당신은 큰 어려움에 빠질 것이다. 빠른 시간 안에 어려움이 닥칠 것이므로 당신은 정말이지 자신을 속이고 있는 것밖에 되지 않는다. 그것은 위험한 놀이다.

▌적법한 세금은 반드시 내라 ▌

당신이 회사를 소유하고 있다면 반드시 이점이 있어야 한다. 반드시! 론의 회계사는 그와 그의 두 동업자에게 밤 동안 회사에 트럭을 세워놓지 않으면 새 픽업 트럭을 살 수 없다고 말했다.

론은 그 당시를 회상하며 "지금 와서 생각해보니 바보 같은 짓이었습니다. 우리는 모두 그 의견이 어리석다고 생각하고 그를 해고해버렸죠. 그는 더 이상 우리 밑에서 일하지 않고 낡은 픽업 트럭을 타고 집으로 가버렸습니다.

그리고 우리는 새 픽업 트럭들을 사야 했고, 그렇게 했습니다. 그 차들을 회사에서 날마다 이용했는데, 우리는 얼마 안가 회계사가 우리에게 한 말을 이해하게 되었습니다. 국세청에서는 트럭이 밤에 회사에 있지 않거나 정확한 일지를 작성하지 않으면 어려움을 겪을 수 있다고 규정하고 있었습니다. 지금(이 글을 쓰는 시점)은 그 규정이 많이 완화되었습니다”라고 말했다.

현실적으로 많은 사람들이 회사에서 쓰려고 픽업 트럭을 사서는 집으로 몰고 간다. 자가용이 되는 것이다. 이는 소유주의 이점이다. 소유주는 할 수만 있으면 특혜를 누리려고 한다.

이런 이야기들의 교훈은 흔한 주제다. 당신은 소득 현황을 정확히 밝혀야 한다. 왜냐고? 그래야 당신이 앞으로 나아가야 할 때 돈을 빌릴 수 있고, 사업에 자금을 댈 수 있을 뿐만 아니라 국세청으로부터 어려움을 당하지 않기 때문이다.

그것이 자본주의의 이면이다. 돈을 빌릴 수 있는 사람들은 앞으로 나아갈 방편이 있는 사람들이다. 좋은 신용을 쌓고 유지하는 사람들은 발전을 위한 노력에 대해 절대로 방해받지 않는다.

나쁜 신용도나 연체 때문에 돈을 빌릴 수 없는 사람들은 진퇴양난에 빠진다. 하지만 여기에 메시지가 있다. 당신이 바닥에 떨어져 있다면, 부실한 경영 습관이라는 진흙에 빠져 있다면 오늘부터 신용을 쌓기 위해 노력하라. 그 출발은 신용이 어떻게 움직이는지, 좋은 신용과 납세가 당신에게 어떤 이득을 가져다주는지에 대해 이해하는 것이다. 소득을 숨기지 말고 공개하라. 그러고 나서 공개 사실을 유리한 방향으로 이끌어라. 은행에 소득을 밝힌 뒤 필요한 돈을 빌려서 훨씬 더 큰 소득을 얻어라. 자기가 가진 돈으로만 성장해야 한다면 큰 성공을 거둘 수 있는 가능성은 지극히 낮다.

당신은 세금 납부의 유리한 점을 앞에 놓고 어리석게 굴어서는 안 된다. 똑똑한 회계사를 통해 돈을 절약할 수 있는 모든 방법들을 동원하라. 또 현금을 쌓아두고 숨기는 데서 오는 불리한 점을 앞에 놓고도 어리석게 굴어서는 안 된다. 그것은 스스로 무덤을 파는 행위다. 정당한 세금을 납부하고, 세금으로 들어간 돈에 크게 신경 쓰지 않을 만큼 회사를 성장시켜라. 모든 욕망을 충족시킬 정도로 수입이 충분하다면 당신은 세금에 대해 신경 쓰지 않을 것이다.

┃늘 수익률을 비교하라 ┃

재고는 수입을 발생시키는 데 한몫한다. 론의 가까운 친구 가운데 한 명인 게리 맥키니는 자동차 중개상인데, 그에게 론은 돈은 회전이 먼저이고, 이윤은 다음이라고 가르쳐주었다.

당신이 어떤 물건의 수익률을 1년 단위로 분석하고 있다고 치자. 연간 이윤 50%를 내는 재고와 이윤 20%에 회전이 빠른 재고를 비교해보자. 이윤이 크고 재고 회전이 1년에 단 한 번

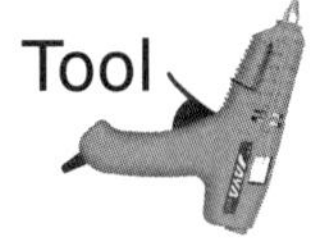

Tool

돈은 회전이 먼저이고, 이윤은 다음이다.

일 때와 비교하여, 이윤이 적고 재고 회전이 1년에 여섯 번 이상일 때 돈을 얼마나 더 벌게 될까?

보나마나이다. 당신은 순간적으로 주춤할지도 모르지만, 마음을 가라앉히고 우리가 제안하는 내용을 잠깐이라도 생각해본다면 이 책으로 인해 돈버는 능력이 훨씬 더 커질 것이다.

수많은 사업주들이 돈을 벌면 큰 물건이나 예쁜 물건을 사는 함정에 빠진다. 아마 그런 물건을 가지고 있으면 멋져 보인다고 생각하는가 보다. 만일 자금의 지출과 수입 규모가 적다면 회전이 느린 물건은 피하고 회전이 빠른 재고를 선호하라. 훨씬 더 많은 수익을 올리게 될 물건은 이윤은 작되 고객들이 선호하는 것들이다.

이제 당신은 부실한 수익률을 계산할 수 있는 시점을 기다려야 한다. 어물쩡하게 그냥 지나쳐서는 안 된다. 이윤이 크다고 해서 나쁜 것도 아니고, 이윤이 적으면서 빨리 회전한다고 해서 반드시 사업에 유리한 것만도 아니다. 계산기를 꺼내서 수치를 요모조모 따져보라. 스스로에게 정직하라. 그리고 비중이 높은 비율에 근거하여 판단을 내려라. 직접 수치를 따져보기 전에는 절대로 알 수 없다.

피츠사의 DL과 그의 아버지는 수익성 높은 수치들에 따라 재생용 트럭들을 사들였는데, 트럭 부품은 다른 제품만큼 이윤이 높지는 않아도 회전이 빠르다는 사실을 발견했기 때문이다. 그 부품들은 창고에 쌓여 있을 틈이 없었다.

많은 소규모 사업주들은 재고 회전의 중요성을 이해하지 못해 측정하려고조차 하지 않는다. 이것은 피해야 할 실수다.

DL은 "트럭을 샀을 때는 손가락으로 딱 하고 소리를 내면 돈이 굴러 들어오는 식이었습니다. 때로는 우리의 재생 과정을 통해 부품이 생산되자마자 거래가 이루어지기도 했죠. 우리는 수치들을 분석함으로써 자연스럽게 이 사실을 알게 되었습니다. 즉, 수익률을 비교함으로써 매우 발전적인 구매 결정을 내릴 수 있었죠"라고 말했다.

▎회전에 초점을 맞추고 이윤을 살펴라 ▎

피부에 와닿지 않는가? 그렇다면 우리가 방금 얘기한 내용을 다른 방식으로 이해해보자.

한 남자가 꽃가게를 한다. 그는 10송이의 장미를 도매에서 10달러에 산다. 그리고 그 장미를 30달러에 팔아 200%의 이윤을 남긴다. 수치를 따져보는 사람이라면 그것을 항목별로 살펴본다. 첫 번째 칸에서 그는 10달러를 지불했다. 두 번째 칸에서 그는 30달러를 벌었다. 세 번째 칸에는 20달러의 총이윤이 적혀 있다.

이제 꽃가게 주인이 무슨 이유에서건 한 달에 단 한 번만 10송이의 장미를 판다고 해보자. 연말이 되면 그에게 얼마가 있겠는가? 그가 10송이당 20달러를 벌고, 매달 10송이밖에 팔지 못했다면 장미를 되팔아 벌어들인 연수익은 240달러다.

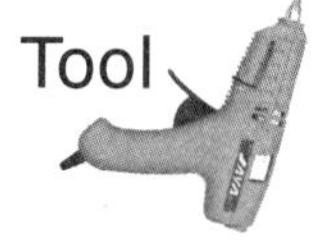

Tool

재고 회전율과 그 측정 방법을 잘 모르겠다면 회계사나 재정 고문한테서 이 중요한 사업 도구를 이해하고 분석하는 방법을 배워라.

마을 건너편에 있는 경쟁자 역시 똑같은 금액으로 비슷한 장미 10송이를 도매에서 산다. 하지만 이 꽃가게 주인은 고객들이 폭넓고 더 능숙한 장사꾼이다. 그는 빠르게 장미를 팔기 때문에 고객들에게 더 싼 가격에 줄 수 있다. 그래서 10송이씩 훨씬 더 많은 장미들을 회전시킨다. 그는 비록 이윤을 줄이긴 했지만 연말에 더 많은 수익을 올렸다.

수치를 따져보는 것이 도움이 될까? 물론이다. 수치를 따지지 않는다면 당신은 고개를 뒤로 돌린 채 사업을 해나가고 있는 셈이다. 앞을 직시하고 자신이 어디로 가고 있는지 보라. 무엇이 이윤을 내는지 찾아내고, 거기에 초점을 맞춰라. 지나치게 회전이 느린 제품은 피하라. 게임은 자금의 흐름에서 승패가 갈린다.

예컨대 두 번째 꽃가게 주인은 10송이의 장미를 경쟁자보다 30% 싼 값인 20달러만 받고 팔았다. 그래서 더 많은 손님들이 장미를 사러왔고, 그는 평균적으로 일주일에 10송이를 팔았다. 그가 남긴 이윤은 100%밖에 안 된다. 하지만 1년이라는 시간을 놓고 볼 때 200%의 이윤을 남긴 그는, 1년에 12번밖에 팔지 못하는 첫 번째 꽃가게 주인과 비교하여 52회를 더 팔았다.

우리는 회전율 수치에 근거하여 두 번째 꽃가게 주인이 더 많은 돈을 번다는 것을 쉽게 알 수 있다. 그는 1년에 240달러가 아니라 520달러를 벌어들였다. 이제 당신은 여기에 관심을

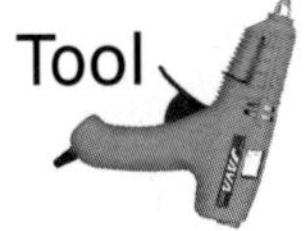

Tool

수치들은 사업 운영의 흐름을 가장 정확하게 파악할 수 있는 언어다. 그것을 연구, 이용, 숙달하면 이익이 된다.

가져야 한다.

비록 상황을 가상해 작은 수치들을 제시하긴 했지만, 당신은 수치에 대한 이해가 사업에 어떤 의미를 가지는지 쉽게 이해했을 것이다. 당신은 자신의 고객 기반과 연계해 순수 재고량을 늘리는 것이 유리하다. 일반적으로, 고객이 많다는 것은 물건을 팔 기회가 그만큼 늘어난다는 뜻이다. 고객들이 원하는 가격에 물건을 기꺼이 제공한다면 더욱 그렇다.

수치들을 따지지 않고 수익률을 분석하지 않는다면 어떻게 더 큰 이윤을 남길 수 있겠는가? 당신은 엄청난 돈을 잃을지도 모른다. 어쩌면 더 많은 돈을 벌어들일 방법이 있을지도 모른다. 수치들을 따져보면 이런 사실이 그대로 드러난다.

회전에 초점을 맞추고 이윤을 살펴라. 그리고 둘 다 이해할 수 있도록 노력하라.

▌이윤보다 비용에 신경 써라 ▌

우리는 당신이 낮은 비용으로 제품을 공급해야 한다고 주장하는 것이 아니다. 어떤 분야에서는 옳을지 모르지만 언제나 그런 것은 아니다. 당신은 자신의 정확한 비용을 알아야 한다.

대부분의 사업주들은 제품이나 서비스에 드는 비용을 정확히 알지 못한다. 그들은 자신들이 1달러에 테이프를 사서 2달러에 판다는 사실은 알고 있지만, 46명의 직원들이 분류 작업을 한다는 것은 놓치지 십상이다. 제품을 상자용 판지에 담아야 하고, 거기에는 여러 가지 관련 비용이 들어간다. 그들이 한 달에 올리는 매출은 10만 달러이고 테이프 비용은 5만 달러에 그친다. 사업주들은 자신의 통장에 돈이 없다는 사실을 알면서도 왜 그런지는 제대로 모르고 있다. 이유는 제품을 사고 팔고 유통하는 데 드는 정확한 비용을 알려고 노력하지 않았기 때문이다.

당신은 재고의 가격 책정과 보관에 대한 결정을 내리기 전에 제품의 정확한 비용을 파악해야 한다. 비용을 파악하는 것은 중요한 일이다. 하지만 사업에 종사하는 많은 사람들이 이 일을 하지 않는다.

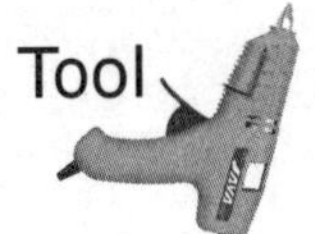

Tool

재고의 가격 책정과 보관에 대한 결정을 내리기에 앞서 항상 정확한 비용을 계산해서 파악해야 한다.

▌10년 앞을 내다보라 ▌

당신의 회사 건물 밑 땅 속에는 부가 숨겨져 있다. 물론 이것은 금광에 관한 이야기도 아니고, 당신 집안의 비밀에 대한 이야기도 아니다. 숨은 부는 "누가 그것을 소유하고 있는가?"라는 질문에 대한 대답 속에 있다.

당신이 사업을 시작했고 당분간 그 사업을 지속할 생각이라면 당신 회사 소유의 땅과 건물을 사도록 하라. 임대는 자산을 키워주지 못한다. 반면 소유한 땅은 시간이 지날수록 가치가 오른다. 그렇게 올라간 가치의 수익은 당신이 그것을 팔 때 나타난다. 당신은 아마도 땅을 팔거나, 피츠사의 협상에서처럼 당신의 사업을 인수한 회사에 임대할 것이다. 그러면 당신은 훨씬 더 앞서 나가게 된다. 만일 당신의 소유권을 뒤이을 한두 세대 뒤의 후손에게 사업을 넘겨줄 수 있다면, 그 땅은 후손에게 훨씬 더 귀중한 자산이 된다. 그러므로 지금 회사 건물이 있는 땅을 살 수 없다면 적당한 곳으로 옮기는 것을 고려해보라.

당신이 현재 여러 해 동안 같은 장소를 임차 또는 대여해 쓰고 있다면 그것은 다른 누군가의 은퇴를 위해 돈을 내주고 있는 격이다. 빌려서 쓸 때보다 조금 더 돈이 들겠지만, 소유권을 갖는 것이 더 지혜로운 행동이다. 10년이 지나면 그 자산의 가치는 오를 게 뻔하기 때문이다. 또한 월납입금이 임차 때보다 많을지 모르지만 누릴 수 있는 세금 혜택 덕분에 호주머니에서 빠져나가는 현금은 더 적어질 수 있다. 그 소득이 다른 사람이 아닌 당신의 것이 되도록 만들지 않겠는가?

론의 몇몇 친구들은 그가 땅에 너무 많은 돈을 지불한다고 비난했다. 하지만 론은 땅주인이 그에게 소유권자 담보 대출을 해주었고 계약금도 적었기 때문에 그 기회를 놓칠 수 없다고 생각했다. 그는 15년밖에 지나지 않았는데 돈을 모두 지불했고, 그것에 매우 만족해하고 있다.

Tool

회사 건물이 있는 땅을 소유하는 것은 곧 자산을 형성하는 것과 같다. 땅은 자금을 구할 때 강력한 자본 차입의 도구가 된다.

이것을 다음과 같이 생각해보자. 당신이 10년 동안 임차를 한다면 그 자산의 가치가 올라갈 경우 임대료는 당연히 오르게 된다. 당연히 땅주인은 투자금에 대한 자신의 수익을 극대화하길 원하기 때문이다.

론과 DL은 장기적으로 소유가 대여나 임차보다 낫다고 믿었고, 실제로 이것을 사업에 적용했으며, 또한 다른 사람에게 소유를 권하고 있다. 내일의 소득을 위해 오늘을 희생하라!

장기간에 걸쳐 사업을 할 계획이라면 오늘의 희생은 돈으로 연결된다. 미리부터 빨리 돈을 벌려고 하지 마라. 굳게 뿌리를 내리고 사업을 제대로 키워라. 10년이나 20년, 아니면 더 오랜 세월이 지나서 팔 때 높은 가치를 갖는 그런 사업 말이다.

성공한 사장의 인재 관리

| 동기 부여를 하라 |

당신에게 '판매'란 무엇인가? 당신은 판매에 대해 깊이 생각해본 적이 있는가? 당신이 인연을 맺은 모든 분야의 구매자·판매자와의 관계를 생각하면, 대부분의 사람들이 판매에 대해 깊이 생각해본 적이 없을 것이라고 확신하리라 본다. 판매에 종사하는 사람들 대부분은 판매가 그저 자리를 지키고 친절한 태도를 보이며 좋은 서비스를 제공하는 문제라고 일방적으로 가정한다.

우리는 판매가 소극적인 노력이 아니라 매우 적극적인 행위라고 믿는다. 당신은 친절하면서도 적극적으로 행동할 수 있다. 여기서 '적극적'이라는 말은 결과에 대한 분석과 점검이 앞으로 일어날 행동과 관련되어 있다는 뜻이다.

당신이 판매에 대해 무엇을 고민하는지 스스로에게 물어보라. "판매를 늘릴 방법을 찾고 있는가? 판매를 점검하고 있는가? 더 잘 점검할 수 있는가? 영업부 직원들에게 더 나은 동기를 부여하여 판매 향상을 원하도록 만들 수 있는가?" 이 질문들로 당신은 사업의 판매 부분에 관해 물을 수 있다.

우리가 가정했던 꽃가게 주인을 통해 예를 하나 들어보자. 조는 마사라는 이름의 친절하고 예의 바르고 똑똑한 여성을 고용하여 카운터를 지키고 전화를 받게 했다. 조는 마사에게 이 일에 대한 대가로 주급 400달러를 지불한다. 만일 그가 마사에게 주당 300달러의 기본급과 판매액의 10%에 해당하는 성과급을 준다면 그녀의 판매에는 어떤 변화가 올까?

조는 분명 마사에게 판매에 대한 동기 부여 수준을 높일 것이다. 일을 더 잘하기 위해 필요한 기술과 도구들이 마사에게 있는가? 그녀는 판매에 관한 교육을 받은 적이 있는가? 조는 그녀에게 팜플렛과 명함 같은 판매 도구를 제공했는가? 또한 마사 스스로 물건을 팔 수 있고, 자신의 과학적 지식을 키울 수 있다는 믿음을 가지도록 지속적인 교육을 실시하고 있는가? 조는 자신의 목표 가운데 그녀의 노력 향상을 포함시켰는가? 이정표를 세웠는가? 마사의 발전 정도를 날마다 점검하는가? 그녀의 성과를 계속해서 알려주는가?

판매에 대한 동기를 부여받고 성과급을 받으며 교육을 통해 도움을 받는다면 마사는 예전보다 더 많은 물건을 팔 것이다. 하지만 정말로 중요한 것은 마사가 조를 대신하여 탁월한 성과를 올리기 위해서는 손님이 눈앞에 있거나 손님과 통화할

Action!

각 영업사원에게 매일의 판매 목표를 설정해주고, 그들이 성공을 거뒀을 경우 다른 사람들이 보는 앞에서 보상해주는 방법을 마련하라.

때마다 구매를 청해야 한다는 점이다.

| 직원들에게 권한을 줘라 |

고객들은 당신이 사업을 효과적으로 운영하고 있는지 신경을 쓸까? 어쩌면 그럴 수도 있고 아닐 수도 있다. 사실 그들은 당신에게서 산 제품이 좋은지 나쁜지, 가격이 적당한지에 대해 더 많은 신경을 쓴다. 또 자신들이 어떤 서비스를 받았는지에 대해서도 신경 쓴다. 고객이 물건을 사기 위해 당신 회사를 방문하느냐 전화를 거느냐 하는 데에는 별 차이가 없다.

우리 사업의 전체적인 측면을 보자. 당신에게는 멋진 배송 트럭이 있다. 그 차는 깨끗할 뿐만 아니라 관리도 아주 잘되고 있다. 운전기사에게 무전기나 휴대전화가 있어서 그에게 다른 곳에 가서 부품을 실어오라고 지시할 수 있는가? 현장에서 외상 영수증을 써줄 수 있도록 운전기사에게 권한을 주었는가? 운전기사는 자신이 실어다가 배송할 다른 부품들이 당신에게 있는지 구매자를 대신하여 전화를 걸 수 있는가? 또한 당신이 제공한 회사 판촉물을 들르는 곳마다 나눠주는가? 부품을 살 준비가 되어 있는 고객을 위해 직원들이 즉시 검색할 수 있도록 고성능 컴퓨터 데이터베이스가 운영되고 있는가?

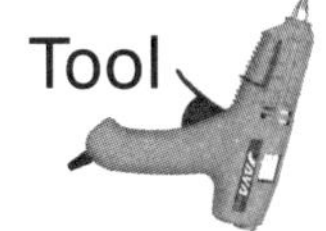

Tool

직원들에게 서비스 권한을 줘야 한다. 그렇지 않으면 서비스 평가 등급이 '부실한 수준' 으로 나와도 그것은 당신 잘못이다.

우리의 진짜 질문은, 당신이 어떤 업계에 있든지 간에 고객 앞에서 바로 서비스를 하고 일을 마칠 수 있는 권한과 장비가 당신의 직원에게 있느냐 하는 것이다.

성공으로 이끄는 진정한 열쇠 가운데 하나는 고객들이 당신을 찾아왔을 때 그들의 요청을 처리해줄 수 있는 사업장을 운영하는 것이다. 사람들은 그것을 반기며, 큰 노력 없이 자신들이 원하는 바를 얻고 싶어한다. 그 필요를 충족시킬 방법들을 발전시켜라. 그러면 경쟁자들이 보는 앞에서 당신은 성장할 것이다.

우리는 이 장에서 성공적인 인재 관리에 대해 얘기하고 있다. 우리가 터득한 것은 너무나 중요하기 때문에 그냥 지나쳐서는 안 된다. 이미지는 광택이 나야 한다. 하지만 당신은 광택을 내기 전에 먼저 연구해야 한다. 이쪽 수염을 깎아야 하는지, 저쪽 수염을 깎아야 하는지 알려면 먼저 거울을 들여다봐야 한다. 당신은 아침에 출근하면 눈을 크게 뜨고 고객의 입장에 서서 자신의 사업을 바라봐야 한다. 당신은 자동차의 바닥과 뒷좌석을 살펴서 보여주기 민망한 모습을 성공적인 모습으로 바꿔야 한다. 이것은 습관이 되어야 한다.

론의 한 친구는 구직자들과 면담을 할 때 실제로 밖에 나가 그 사람의 차를 보고 바닥에 쓰레기가 있는지, 제대로 관리되고 있는지 살펴본다. 만일 쓰레기가 있다면 그 사람은 일자리를 얻지 못한다.

Action!

배송 운전기사에게 들르는 곳마다 나눠 줄 판촉물을 반드시 제공하라.

더욱 긍정적인 이미지를 만드는 것은 곧 일 처리 방식을 변화시키는 문제일 뿐이라는 사실을 알게 되면, 당신은 괄목할 만한 성공을 향해 극적인 발걸음을 내딛을 수 있다.

당신이 새로운 수준에 오르게 되면 직원들에게서 이와 같은 종류의 발전을 훨씬 더 쉽게 기대할 수 있다. 그럼 직원들은 당신을 존경할 것이다. 이때 당신은 직원들에게 권한을 줌으로써 당신의 고객 앞에서 그들이 더욱 빛날 수 있게 만들어라.

그 빛은 더 나은 모습과 더 나은 운영을 위해 끊임없이 닦는 데서 비롯된다. 이러한 노력으로 인해 고객의 저변이 넓어질 뿐만아니라 직원들도 더 행복해한다는 사실도 알게 될 것이다. 이제 직원들은 자신들의 일터에 대해 자랑스럽게 애기할 수 있다. 당신은 그들이 훌륭한 서비스를 제공하기 위해 필요로 하는 도구들을 주었고 모두가 함께 빛난다. 이것이 바로 성장하는 회사의 모습이다.

▌직원의 성과를 인정하라 ▌

당신이 만드는 비즈니스 문화는 고객, 공급업자, 직원, 그리고 동료들의 인식에 영향을 미친다. 당신이 유리한 비즈니스 문화를 만드는 데 능숙하지 못하다면 주변을 그것에 능숙한 사람들로 채워라.

우리는 우리가 성취하는 것들에 대해 인정을 받아야 한다. 그것은 분명 소유주들에게도 해당한다. 그들이 직원이 아닌 소유주가 된 이유도 바로 이것일 것이다. 하지만 충성스러운 직원들 역시 돈만큼이나 인정을 원하고 필요로 한다.

소유주들은 위험을 무릅쓰고 사업을 하는 데 대해 어떤 형태의 보상으로라도 인정받기를 원하는데, 그 보상은 대개 돈이다. 소유주들은 이윤을 얻고 싶어한다. 다른 측면에서는 다람쥐 쳇바퀴 돌리는 듯한 심정이다.

성과 인정은 직원들의 가슴속에 있는 핵심 동기가 무엇이냐에 따라, 등을 토닥거려 주는 것이 될 수도 있고 금전적인 보상이 될 수도 있다. 성과 인정은 가능한 한 직원의 개성에 맞아야 한다.

피츠사는 해마다 정장 연회를 베풀어 최우수 영업사원에게는 명판을 전달하고, 사고나 부상이 없는 3년 동안에 대해서는 안전상을 수여함으로써 성과에 보답했다. 또한 소유주와 동료들이 보는 앞에서 직원들의 가치를 인정해주는 개근상도 수여했다. 감사를 표하는 이와 같은 성과 인정은 직원들에게뿐 아니라 소유주들에게도 매우 유용한 것으로 확인되었다.

DL과 론은 아주 다른 성격의 사람이다. 이것은 곧 성공에는 단순한 공식이 없다는 사실을 예증한다. 론은 자신이 DL처럼 "따뜻하고 융통성 있는 경영 스타일을 갖췄으면 좋겠다"고 공개적으로 밝힌다. 반면 DL은 자신에게 론 같은 마케팅 능력과

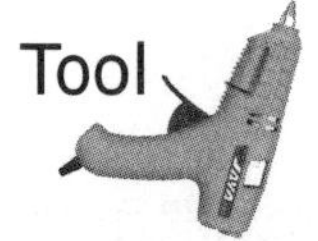

Tool

직원들이 가진 긍정적인 속성, 성취, 기술을 공개적으로 인정할 때 생기는 충성심은 당신에게 반드시 이익이 된다.

적극성이 있었으면 좋겠다고 생각한다. 요점은 당신의 모습을 인정하고, 당신이 가진 것을 활용하며, 필요한 기술을 모두 갖추지 못했더라도 실망하지 말라는 것이다.

성과 인정은 고객의 충성심을 얻는 열쇠이기도 하다. 당신은 고객일 때 어떤 기분을 느끼는가? 원하는 서비스를 받으면 거기에 감사하는가? 무엇을 사기 위해 가게를 둘러보고 있는 동안 당신에게 아무도 신경 쓰지 않는 것처럼 보이면 짜증이 나는가? 당신의 대답이 당신의 행동을 결정할 것이다.

성과 인정은 직원들뿐 아니라 고객들의 동기에도 일정한 역할을 하므로 그 가치를 간과하지 말아야 한다. 직원들에게 그들이 받아 마땅한 인정을 해줘라. 연회나 소풍이나 오찬 모임 때 인정해줘라. 인정의 형태에는 상장, 증명서, 승인서, 회사 소식지 기사, 그리고 보너스가 있다. 직원들이 일반 사람들의 인정을 받을 만한 일을 했다면 지역 신문을 통해 그것을 널리 알려라.

소중한 고객들을 위해서, 줄 서 있는 고객들에게 감사하는 법을 직원들에게 가르쳐라. 고객과 애기를 나눌 때 눈을 똑바로 쳐다보는 것이 얼마나 중요한지 가르쳐라. 당신이 고객들의 필요를 인정하고 살핀다면 그들은 당신 대신 광고를 해줄 것이다. 만족한 고객보다 중요한 것은 없다. 여기서 말하는 '만족한 고객' 이란 자기 개인의 문제가 효과적으로 인지되고 처리되었다고 생각하면서 나가는 고객이다. 비록 그것이 제품

Tool

다른 사람들의 장점을 인정하려고 노력하라. 그러면 그것이 당신에게 이익으로 돌아온다.

하나를 사는 것에 그친다 할지라도 말이다.

성과 인정은 격려하는 힘으로, 사기와 충성심을 높인다. 그것은 거짓이어서는 안 된다. 진실해야 한다. 인정은 내부로 향하는 것과 외부로 향하는 것, 즉 소유주인 당신에게서 직원들에게로 가는 것과 당신에게서 고객들에게로 가는 것 두 가지가 있다.

실적을 보상하라

기본적으로 당신은 직원들이 올린 실적의 질과 결과에 대해 보상해야 한다. 실적에 따라 어느 정도의 보상을 해주든지 간에 당신의 결산 이익은 커질 것이다. 이런 변화는 때때로 작은 마찰을 일으키기도 하지만, 대부분의 직원들은 이런 보상 관계가 확립되면 자신들이 실제로 더 많은 돈을 벌 수 있다는 사실을 금방 알게 되고 그렇게 되기 위해 실천한다.

론은 수년 전에 월급에 기초한 판매에서 수당에 기초한 판매로 전환했다. 그렇게 하자 판매 수치가 단 3개월 만에 90%까지 올라갔다. 그후, 그는 해체 작업자들에게 시간이 아닌 자동차 처리 대수에 따라 보수를 지급하기 시작했다. 그러자 생산량이 2주 만에 두 배로 뛰었다.

론은 이것을 배송 운전기사들에게도 적용하여 배송 건수에

Tool

실적에 기초하여 커미션을 지급할 때 직원들의 생산성이 향상되는 것은 성과급이 커지기 때문이다.

따라 보상을 해주었다. 그들은 배송을 서두르면 사고 위험이 커지고, 또 고객들에게 불친절하거나 일을 제대로 못할 수도 있다고 불평했다. 하지만 론은 그들의 벤치마크인 UPS사를 보라고 주문했다. 운전기사들은 UPS사의 운전기사들이 늘 서두르지만 친절한 모습으로 정평이 나 있다는 사실에 동의했다. 그 결과 몇 주가 못 되어 운전기사들은 하루 배송량을 40% 넘게 늘렸는데, 그것도 더 적은 시간에 그렇게 했다.

이 계획을 시작하기 전에는 몇 군데를 들르든 상관없이 운전기사들은 늘 마칠 시간이 되어서야 회사로 돌아왔다. 그러나 배송 건수에 따라 보수를 지급하는 이 계획이 실행되자 그들은 성과급을 받기 위해 더 적은 시간에 더 많은 장소를 돌아다녔고, 일찍 회사로 돌아와서 일찍 퇴근했다. 그들은 더 만족스러워했고 고객들도 마찬가지였다.

론은 배송 트럭을 더 늘릴까 생각했다가 실적이 늘어난 이후 그러지 않기로 결정했다. 운전기사들의 실적 향상은 결과적으로, 기존의 배송단을 유지하면서도 더 낮은 비용으로 약 20%의 매출 향상을 가져왔다.

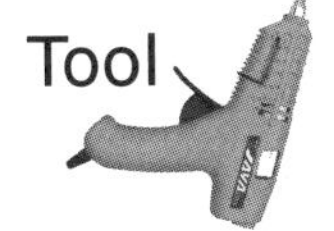

Tool

직원들 중 20%는 보상과 상관없이 100%의 노력을 기울이지만, 나머지 80%의 직원은 성과급에 따라 긍정적으로 더 많은 일을 한다.

█교육과 훈련을 통해 체계를 잡아라 █

우리 두 사람의 회사는 체계와 훈련이 모두 잘 짜여져 있다는 평판을 들었다. 우리는 지침을 만들었고 거기에 따랐으며, 목표를 세워 거기에 도달하려고 노력했다. 우리 직원들은 입사 초창기에 회사의 '규칙'을 지키는 것에 자신이 없어 겁을 먹었다고 했다.

해체 작업자들은 차를 어떤 식으로 분해해야 하는지를 적어 놓은 공정표에 따라 일하는 것을 좋아하지 않는다. 영업사원들은 판매 방법에 대해 훈수를 듣고 싶어하지 않는다.

우리는 세월이 지나는 동안, 비록 직원들이 처음에는 체계를 좋아하지 않더라도 곧 그것을 인정하게 된다는 사실을 알았다. 우리 밑에서 일하기를 두려워했던 직원들은 대부분 우리한테 오기 전에는 체계적으로 일을 하지 않았다. 예를 들어, 그들이 자동차 해체 작업을 했던 이유는 사장이나 부장이 자신들을 그 일에서 빼서 다른 일에 투입하게 만들기 위해서였다. 자신의 일이 명확히 구분되고 책임이 분명하게 정의되어 있지 않으면 직원들은 자신들이 무슨 일을 해야 하는지, 또는 할 것인지 정확히 알 수가 없다. 분명하게 나누어져 있지 않은 업무는 직원들에게 불안감을 일으키고, 그 결과로 인해 그들의 업무 실적도 부실해진다.

과거에 그처럼 일하다가 우리에게 온 사람들은 체계의 부족이 업무의 동기를 크게 손상시킨다는 사실을 깨닫게 해주었다. 어떤 직원들은 사장이 다음에 어떤 일을 시킬지 전혀 예측할 수가 없었다고 한다. 그만큼 자신의 일에 만족감을 느끼기

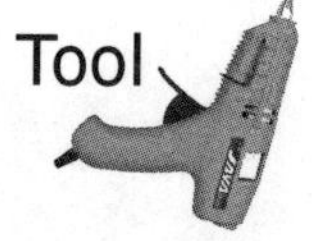

Tool

사업에 체계를 부여하면 직원들이 자신들에 대한 기대를 이해하는 데 도움이 되고, 이는 곧 업무 능력 향상으로 이어진다.

가 어려웠다. 새로 입사한 직원들은 우리가 마련해놓은 체계에 대한 두려움을 극복하자마자 더욱 많은 일을 해냈고, 하루 일과를 마칠 때는 성과에 만족해했다.

우리는 직원들에게 일일이 세부적으로 얘기하지는 않는다. 그저 우리가 기대하는 바를 분명하게 말하고, 그들로 하여금 자신들의 책임을 명확히 이해하게 만든다. 그런 다음 일터로 내보낸다. 그들이 뛰어난 실적을 보일 때는 인정해주고 보상도 해준다. 당신이 아직 이렇게 하고 있지 않다면 얼마 안 가 직원들이 체계를 좋아한다는 사실을 알게 될 것이다. 직원들은 당신이 그들에게 기대하는 바가 하루에 얼마나 되는지 정확히 알고 싶어하며, 또한 그것을 성취하고 싶어한다. 특히 실적에 따라 보수가 주어진다는 사실을 알면 자신들이 얼마나 받게 될 것인지 정확히 알고 싶어한다.

Tool

직원들의 뛰어난 업무 수행을 기대한다면 그들의 업무 책임을 분명하게 정의해야 한다.

이렇게 체계를 명확히 하면 직원들이 더 행복해질 뿐 아니라 그 행복이 고객들에게 영향을 미쳐 고객들도 행복해진다. 체계와 그 체계 안에서 자율적으로 업무를 수행할 수 있는 조금의 자유는 생산성을 최대한으로 끌어올린다.

성취 가능한 목표와 더불어, 평범한 관점에서 역할을 분명하게 정의하고 기대를 펼칠 수 있는 비즈니스 문화를 창출하라. 그러면 직원들과 행복한 관계를 형성할 수 있다. 그들은 당신을 위해 열심히 일할 것이고, 당신에 대한 만족과 믿음을 고객에게 보여줄 것이다.

▌효과적으로 위임하라 ▌

우리는 소유주로서 자신의 아이디어를 직접 실행하려는 경향이 있다. 어차피 아이디어는 우리 각자의 머리에서 나온 산물이 아니던가? 문제는 아이디어를 내는 사람들이 대부분 모든 일을 직접 하려는 실수를 저지른다는 데 있다. 만일 당신이 더 높은 곳으로 올라가길 원한다면 당신은 위임이라는 미묘한 기술의 대가가 되어야 한다. 통치자들이 다른 사람들로부터 통치자로 불리는 이유는 그들이 정말 통치를 하기 때문이다. 경영자들이 경영자로 불리는 이유는 그들이 정말 경영을 하기 때문이다.

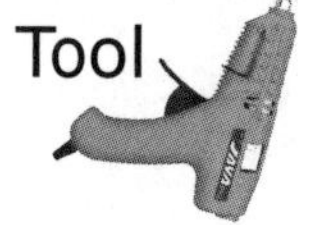

현재 당신의 업무 중 다른 사람에게 위임할 수 있는 것이 무엇인가? 당신은 계획 수립을 위해 더 많은 시간을 내야 한다.

효과적으로 위임하는 법을 배우는 것은 매우 성공적인 사람이 되기 위한 필수 조건 가운데 하나다. 위임에 뛰어난 사람은 성취를 위해 다른 사람들에게 업무를 넘겨주면서도 통제력을 발휘하는 법을 아는 사람이다.

당신은 거기에 어떻게 도달하겠는가? 우선 권위를 인정할 줄 아는 사람을 찾아서 고용해야 한다. 그런 다음 그들에게 권한을 위임하고, 그들의 실수를 받아들이며, 그들의 실수를 고쳐주고, 그들을 가르쳐야 한다. 즉, 당신은 직원들을 이끌고, 그들과 함께 일하며, 그들에게 동기를 불어넣고, 그들에게 문제가 생겼을 때는 해결해줘야 한다. 문제는 반드시 생긴다는 점을 기억하라.

또한 소유주로서 평범한 실적을 받아들일 줄 알아야 한다. 당신 밑에서 일하는 대부분의 사람들은 당신과 동기가 같지 않다. 그들은 일자리를 갖고 있고, 당신은 꿈을 갖고 있다. 그들은 보수를 필요로 하고, 당신은 야망을 품고 있다. 또한 직원 대부분은 고만고만한 성과를 내는 데 만족하고 싶어한다. 반면, 당신은 더 큰 것들을 얻고 싶어하고 그것이 당신을 행복하게 만든다. 이러한 차이들로 인해, 업무를 위임받은 대부분의 직원들은 당신이 그 일들을 직접 할 때와 똑같은 성과를 내지 못한다. 따라서 당신은 다양한 수준의 평범한 성과들을 받아들일 줄 알아야 한다. 그렇지 않으면 당신은 불같이 화를 내게 될 테고, 그럼 아무도 당신 밑에서 일하려 하지 않을 것이다.

지금까지 더 큰 성취를 위한 길에서 당신이 외부로 손을 뻗었을 때 발견하게 될 모습을 설명했다. 그것은 직원들에 대한 비난이 아니다. 물론 완벽하게 행동하거나 일하지 못하는 직원들도 있을 수 있다. 또한 늘 당신과 같은 방식으로 판단을 내리지도 않을 것이다. 그들은 동기가 다르다. 하지만 당신은 어떤 면에서는 당신보다 훨씬 더 나은 사람을 발견할 수도 있다. 예를 들어, 구매는 창의성보다 훈련과 부지런함을 요구하고, 회계는 세부 사항에 대한 주의를 요구하며, 마케팅은 예민한 직감을 요구한다. 따라서 당신이 채용한 사람들의 기술과 재능을 충분히 고려한 뒤 가장 잘할 수 있는 일에 그들을 배치하는 것이 중요하다.

Tool

당신이 모든 일을 직접 하려고 든다면 성장에 한계가 생긴다. 당신만이 제대로 할 수 있다는 태도를 버려라.

성공한 사업가들은 위임하는 법을 배운 뒤, 그것을 바탕으로 목표와 기준이 작고 동기가 다른 사람들을 이끌며 움직이는 기술을 배운다.

▎적극적으로 설득하라 ▎

자질이 뛰어난 몇몇 직원들이 당신에게 어떤 일이 제대로 되지 않을 것이라고 말한다면 당신은 어떻게 하는가, 또는 어떻게 할 것인가? 당신에게는 멋진 아이디어가 있다. 당신은 그것에 대해 계속해서 생각해왔고, 위험을 충분히 고려한 만큼 과감하게 앞으로 나아가기를 원한다. 하지만 당신이 책임을 위임하자 병사들 사이에서 불신이 일기 시작한다. 그들은 그 일이 가능하리라고 생각하지 않는다. 그럴 때 당신은 어떻게 해야 할까? 이것은 결정적인 순간인 동시에 더 큰 성공을 추구하는 모든 사람에게 다가오는 하나의 도전이다. 당신은 어떻게 해야 할까?

우리의 뛰어난 빌을 생각해보자. 좋은 습관과 그에 따르는 올바른 직업 정신을 키웠을 뿐 아니라 계산된 모험을 즐길 줄 아는 그는 괄목할 만한 성공의 후보자다. 그런 빌은 적당히 주의하면서 새로운 모험 사업을 시작하고, 너무 늦기 전에 빠져나올 수 있다는 사실을 잘 알고 있다. 그래서 그는 좋은 아이디어를 자신이 신뢰하는 참모들 앞에 내놓고 계획을 설명하기 시작한다. 계획을 설명하는 동안 빌은 사람들이 이러저러한 점 때문에 반대하고 있음을 눈치채고 놀란 눈으로 그들을 쳐다본다. 그들은 그가 말하는 바를 이해하지 못하는 것일까? 그의 계획을 실행하면 회사가 시장에서 더욱 강력해진다는 점을 이해하지 못하는 것일까?

직원들은 여전히 반대하고, 빌은 이유를 전혀 알아채지 못한다. 무언가가 빗나가긴 했는데 그것을 알아낼 방도가 없다. 밀어붙이면 어쩔 수 없이 일을 할 거라는 사실은 알지만, 아무리 설명해도 그 아이디어에 대한 그들의 신뢰가 부족하다는 느낌은 어쩔 수 없다. 이럴 때 빌은 어떻게 할까?

빌은 우선, "좋습니다. 여러분들이 이 일이 잘되지 않을 거라고 생각한다면 이유를 말해주세요"라며 불평의 근원을 캐낸다. 사람들을 힘으로 밀어붙여서는 안 된다는 사실을 경험을 통해 배웠기 때문이다. 빌은 자신이 그들의 믿음에 반대하여 군림하면 그들은 일을 부실하게 하고, 그렇게 되면 기회를 망칠지도 모른다는 사실을 잘 알고 있다. 또한 직원들이 '의견을 받아들여' 주인 의식을 갖지 않으면 열정적으로 움직이지 않을 뿐 아니라 새로운 방향에 따른 책임을 받아들이지 않는다는 것도 잘 알고 있다. 그래서 빌은 분별력을 발휘하여 온전한 동의 없이는 앞으로 나아가려고 하지 않는다.

하지만 그 순간 빌은 확실한 이유를 들어 반대하는 사람이

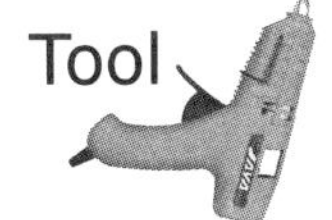

Tool

참모들의 말을 듣는 법을 배워라. 당신과 같은 업계에서 매일 열심히 일하는 그들에게 사업을 크게 발전시킬 통찰력이 있을지도 모른다.

아무도 없다는 사실을 알게 된다. 그래서 그는 의견 말하기를 꺼려 하는 분위기를 털어내려고 애쓴다. "왜 안 되는지 말해주세요." 만일 그들이 분명하게 이유를 설명할 수 없다면 빌은 설득력 있게 일을 진행하라는 명령을 내릴 것이다. 반면, 그 이유를 설명할 수 있다면 그들은 그를 잘못된 판단에서 구한 셈이 되며, 빌은 그들의 허심탄회함과 헌신에 감사해야 한다.

당신은 독재자가 되어서는 안 된다. 빌이 하는 것처럼 직원들을 격려하고 독려해야 한다. 빌을 둘러싸고 있는 사람은 가치를 더해주는 이들이다. 그들이 막히면 빌도 막히게 되므로, 빌은 자신의 아이디어를 밀고 나가기 전에 이유를 찾으려고 노력한다. 그는 합의의 중요성을 잘 알고 있다.

이런 종류의 내부 법정에서 고려해야 할 사항이 하나 더 있다. 어떤 직원은 처음부터 당신의 계획이 성취될 수 없다는 생각을 가지고 위험을 크게 확대해서 말할 수 있다. 우리는 빌이 끊임없는 접촉을 통해 그런 사람을 발견할 수 있으리라 믿는다. 그런 직원이 이와 같은 아이디어 회의에서 표면에 떠오르면 빌은 그의 약한 믿음을 알아볼 것이다. 그 일이 불가능하다고 진심으로 믿고 있는 사람에게 일을 위임해서는 안 된다는 사실을 빌은 잘 알고 있다. 부족한 믿음은 성과를 갉아먹고, 창의성을 좀먹을 것이 뻔하니까 말이다. 빌의 형편이 더 나아지려면 그에게 다른 업무를 시키든지 최악의 경우 그를 내보내야 한다. 빌은 통 안에 든 신 사과를 먹을 수 없다는 사실을

너무 많은 직원들이 불가능하다고 믿는다면 위험을 감수하지 마라. 그래도 하고 싶다면, 일에 대한 신뢰도가 낮은 직원들을 일부 교체하는 것을 고려해야 한다.

잘 안다.

정리해보면, 각각의 상황이 다 다르긴 하지만 모험을 믿지 않는 사람들이 많다는 것은 자체로서 손해의 요인이 될 만큼 중대한 일이다. 때로는 믿을 수 있는 사람을 만나기가 쉽지 않다. 빌은 임원진에 믿을 만한 사람들이 없다면 모험을 밀고 나갈 가치가 없다는 사실을 알게 되었다.

┃ 스스로 깨닫게 하라 ┃

DL이 처음으로 경영자의 위치에 올랐을 때 다음해에 대비하여 연말 계획의 모든 수치들을 종합하는 책임이 그에게 주어졌다. 그런데 그의 아버지는 그를 한 번 이상 계산기로 돌려보냈는데, DL이 계획을 제대로 짜지 않았다는 점을 알아챘기 때문이다. DL의 아버지는 그를 대신해서 일을 처리해주기보다 수치들을 다시 생각하도록 돌려보냄으로써 계획의 요모조모를 자기 힘으로 적절히 생각하는 방법을 배우게 했다. 이것은 또 다른 형태의 경영 기법이다.

당신은 직원들 스스로 실수를 짚어보게 만드는 방법으로 그들을 훈련해야 한다. 당신이 원하는 팀은 쇠를 연마하는 이런 방식에 의해서 만들어진다. 당신은 단순히 추종자가 아닌 성취자를 원할 것이다. '성취자' 란 업무를 스스로 떠안고 완수할 수 있는 능력을 지닌 사람이다. 당신이 그들을 위해 일을 대신해주면 절대 훈련이 되지 않는다. 그들에게 당신이 위임하고 있는 일을 배우도록 요구하라.

잊지 마라. DL이 경험을 통해 성숙해가는 과정에서 얻은 진정한 소득은 자신감이었다. "나는 이제 네가 끝까지 충실할 수 있다는 사실을 안다"는 칭찬의 말도 들었다. 나중에 있을 경영상의 어려운 결정에 필요한 미덕이 DL에게 생긴 것이다. 뿐만 아니라 그가 확립한 인내의 습관은 어느 모로 보나 그 교훈들만큼 중요했다.

더 쉬운 이해를 위해 한 가지 구체적인 예를 들자면, DL은 예산 산정을 배울 때 아버지 가까이에서 일했다. DL이 배정받은 책무는 아버지에게 재무 상황을 설명하는 일이었다. 당시에는 예산 내용과 실제 내용 사이에 이따금 차이가 났다. DL의 아버지는 그에게 그 차이를 설명해보라고 요구하곤 했으며, 결코 아들을 위해 그 일을 대신해주지 않았다. 그때 DL은 "비슷했는데요"라고 말하곤 했다. 하지만 그의 아버지는 "비슷하다"는 말을 절대로 받아들이지 않았다. 대신 "왜 차이가 나지? 왜 차이가 나는지 네가 말해줬으면 좋겠다"라고 하면서, 특히 부동산세와 보험 납입금 등에 대해 반박하곤 했다. 보험 납입금이 계획한 비용의 두 배나 되었기 때문이다. DL은 "아마 시기의 문제인 것 같습니다"라고 얼버무렸다. 그러자 아버지는 "아냐. 시기의 문제가 아닌 이유는 예산 수립 과정에

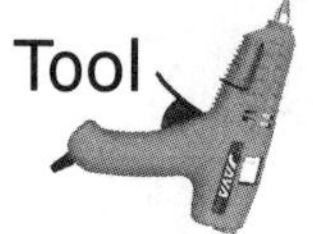

Tool

당신이 일을 대신해주면 직원들은 배울 수가 없다. 당신이 그랬던 것처럼 그들에게도 실수할 수 있는 여유를 줘라.

서 우리가 그것을 철저히 계산했기 때문이야. 왜 그런지 이유를 말할 수 있을 때까지 다시 분석하거라."

젊은 경영인인 DL은 그 수치들을 믿었지만, 재확인 과정에서 회사가 부주의로 두 배의 납입금을 냈다는 사실을 발견했다. 그것은 1만 달러나 되는 엄청난 돈이었다. 이 경험은 젊은 DL에게는 부끄러운 일이었지만, 엄청나게 귀중한 교훈을 안겨주었다. 그의 아버지가 그것을 지적하기만 하고 그에게 해답을 내놓도록 명령하지 않았다면 DL은 결코 교훈을 얻지 못했을 것이다.

DL은 오늘날까지도 만족할 때까지 설명을 요구하는 똑같은 방법을 실행하고 있다. 따라서 그의 곁에 있는 매니저들은 일의 앞뒤를 철저히 생각하여 시간을 낭비하지 않고 유효한 계획을 제출하는 방법을 배운다.

성공한 사장의 마케팅과 세일즈

| 마케팅과 광고의 차이를 이해하라 |

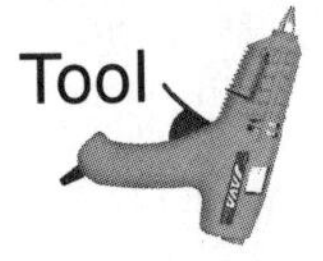

Tool

마케팅과 광고의 차이점을 이해하라. 너무나 많은 사업주들이 마케팅의 엄청난 가치를 이해하지 못하고 있다.

당신은 회사 홍보를 어떤 식으로 하는가? 세상에는 수많은 광고들로 가득하기 때문에 당신이 이 문제를 다루지 않는다면 경쟁자들을 제치고 올라설 수가 없다. 당신이 사업을 하는지 모르는데 어떻게 고객들이 찾아오겠는가? 이것은 거리에 있는 상점뿐 아니라 온라인의 가게에도 해당하는 이야기다.

마케팅과 광고는 같은가? 많은 사람들이 그렇게 믿고 있다. 그래서 작은 가게의 주인들은 소규모로나마 광고를 하고 있다는 이유로 마케팅에 대해서는 생각하지 않는다.

위치가 좋으면 마케팅에 대한 이해가 부족해도 보완이 될 수 있지만 그것은 원칙적으로 예외에 해당한다. 관리와 마케팅을 적절하게 수행한 가게들은 미흡한 입지 조건 속에서도 대체로 뛰어난 성과를 이루어낸다. '마케팅'은 사람들에게 당신이 사업을 하고 있으며, 어디에 가면 당신을 볼 수 있는지 알려주는 교묘한 수단이다. 이에 비해 '광고'는 보수를 지불하는 홍보 방식이다. 당신은 수익을 마케팅에 투자하거나 마케팅 회사와 별도의 계약을 체결할 수 있지만, 이는 광고를 하거나 광고 회사와 계약을 맺는 것과는 다른 형태다.

마케팅의 형식은 매우 다양하다. 가장 일반적인 형식으로는 보도 자료·잡지 기사·신문 기사·인터뷰 등이 있고, 대중적인 행사에 회사 차원에서 참여하는 형식도 있으며, 대중들이 이용하는 게시판에 개인적으로 참여하는 형식도 가능하다. 마케팅은 다른 사람들에게 영향을 미치는 수단인 동시에, 시장에서 당신의 존재를 의식하게끔 자극할 수 있는 사람들과의 접촉이다. 효과적인 마케팅이란 은행원으로 하여금 당신이 없는 자리에서도 당신에 대해 우호적으로 얘기하게 만드는 것이며, 고객으로 하여금 친구에게 당신의 사업을 소개하도록 만드는 것이다.

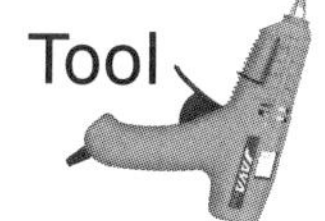

Tool

스스로를 어떻게 마케팅할 것인가에 대한 계획은 사업 계획에서 출발한다.

어떻게 하면 이런 일들을 할 수 있을까? 오전 8시와 오후 5시 사이에 문을 열어놓는다고 해서 이런 일들이 일어날까? 아니다. 마케팅은 저절로 이루어지지 않는다. 마케팅은 계획에서 비롯되는 계산된 노력이다.

마케팅과 광고는 서로 다르다는 사실을 이해하라. 회사에 대한 성공적인 마케팅이 최우선인데, 이는 제품과 서비스에 대한 광고보다 더 중요하다. 더 깊이 이해하려면 누가 당신의 고객이고 어디에 당신의 시장이 있는지 자문해보라.

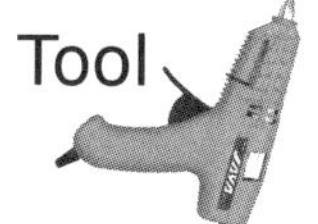

Tool

제일 먼저 당신의 고객을 판별한 뒤 제품, 서비스, 마케팅을 그 고객에게 맞춰야 한다.

자동차 재생업계에서 차를 모는 모든 사람들이 잠재 고객은
아니다. 마찬가지로 화훼업계에서 모든 사람들이 꽃을 사는
잠재 고객은 아니다.

▌최고의 마케터가 되라 ▌

아무도 당신을 위해 당신만큼 마케팅을 잘해줄 수는 없다.
대행사를 찾아갈 수도 있지만, 실망으로 끝을 맺게 될지도 모
른다. 당신이 원하는 결과가 나오지 않을 수도 있고, 당신은
그 노력으로 인해 많은 돈을 쓸 수도 있다. 광고 대행사가 최
선의 방책이 될 수 없는 이유는 대행사를 통한 접근 방법을 활
용하는 데 필요한 재정적인 자원들을 모두 짊어지기가 힘들기
때문이다.

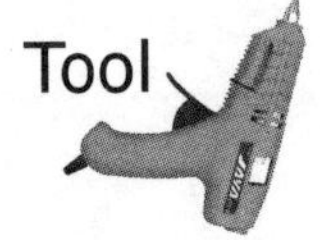

Tool

사업 계획 과정에서
핵심 고객을 판별
하여 잘 정리해두면
어떻게 효과적으로
마케팅할지를 판단
하는 데 도움이 된다.

당신이 할 수 있는 최선은 마케팅을 이해하는 것이다. 마케
팅에 대한 이해는 누가 당신의 진정한 핵심 고객인지에 대한
조사에서부터 출발한다. 일단 마케팅에 대해 이해하고 나면
구체적인 시장에 도달하기 위한 방법들을 정리할 수 있다. 실
제로 곰곰이 생각해보면 방법들은 무수히 많으며, 대부분 그
리 많은 비용이 들지 않는다. 예를 들어, 좋은 비즈니스 서적
을 한 권 골라라. 몇 권의 책을 읽으면 당신이 이행할 수 있는
것 이상으로 배우는 바가 있게 된다.

앞에서부터 계속 제안한 대로 당신이 지금 수치들을 점검하고 있다면 접촉 건수당 비용을 측정할 수 있다. 이는 당신으로 하여금 대행사를 통한 접근 방법을 멀리하게 할 정도가 되어야 한다.

당신은 컨설턴트를 활용하는가? 만일 그들이 업계에 정통해 있지 않다면 활용하지 마라. 우리도 해본 적이 있고, 또 지금도 가끔 해보지만 결과가 그리 만족스럽지는 못하다.

우리의 경험에 비춰 말하면, 할 수 있는 한 마케팅에 관한 모든 책을 읽고, 마케팅 기법에 대해 스스로 배우며, 산업 전시회에 가서 경쟁자들이 어떻게 마케팅하는지를 보는 것이 가장 효과적이다. 만일 당신이 마케팅에 대해 제대로 이해하지 못하고 있다면 괄목할 만한 성공을 거두거나 소규모 사업에서 수백만 달러를 건질 가능성은 그만큼 희박해진다. 많은 훌륭한 제품과 서비스가 마케팅의 부실 또는 부재로 실패하는 것처럼, 많은 평범한 제품과 서비스가 정통한 마케팅 덕분에 많은 이윤을 낳고 있는 것이 현실이다.

마케터로서의 당신의 목표는 어떻게 하면 제품이나 서비스, 또는 그 두 가지를 당신의 핵심 고객에게 맞출 수 있는가를 이해하는 것이다.

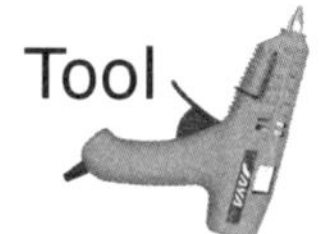

Tool

가능하면 마케팅에 관한 모든 자료를 읽어라. 이를 위해 시간 계획표를 짜둬라. 이는 회사 소유주의 업무 중 일부가 되어야 한다.

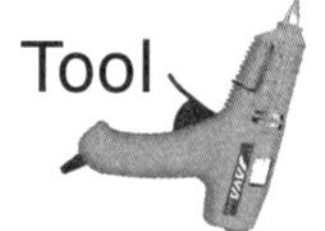

Tool

방법을 찾아보면 당신의 일들을 일부 위임할 수 있다. 그 시간에 마케팅을 공부하면 상당한 배당금을 받게 될 것이다.

| 변화의 주인이 되라 |

1980년대 중반, 론은 일반적인 상황이 사업에 유리한 방향으로 흐르고 있다고 생각했다. 그는 하루도 빠짐없이 기계적으로 일을 하러갔다. 경쟁자는 거의 없었고, 일도 잘해나가고 있었다. 하지만 그는 훨씬 더 많은 것을 원했다.

론의 경쟁자들 가운데 한 명이 언젠가 론과 첨예하게 대립한 적이 있었다. 그는 물건을 저가로 공급하는 일을 했는데, 개인들에게서 자동차를 싸게 사다가 매우 낮은 가격으로 온갖 부품을 다 팔았다. 론은 차를 경매로 샀지만, 대부분의 경우 그 경쟁자보다 더 많은 돈을 지불해야 했다. 그 경쟁자는 수많은 거래를 하는 것 같았다. 하지만 론은 그가 이윤을 내고 있는지 어떤지 알 수 없었다.

어느 날 그 경쟁자에게 들렀다 오는 고객들이 늘어나자 론은 짜증이 나기 시작했다. 그들이 론에게 와서 "저기에서는 그것을 이 금액에 샀어요" 또는 "저 가게에서는 이러이러한 가격에 그것을 살 수 있는데"라는 푸념을 늘어놓았던 것이다. 론은 가격을 떨어뜨리고 가격 전쟁에 뛰어들 생각이 없었으므로, 새 경쟁자와 똑같은 제품을 제공하지는 않겠다고 결심했다. 그는 고급 벤츠와 BMW 부품으로 옮겨가면서 동시에 전국적인 마케팅 작전에 돌입했다.

한두 해가 지나자 매출액의 60% 이상이 텍사스 주 밖에서

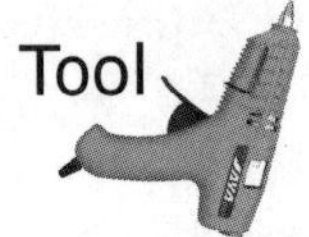

Tool

고객을 고려해본 뒤, 당신이 저가의 공급자인지, 종합적인 공급자인지, 아니면 최고급 품질의 공급자인지 자문해보라.

들어왔다. 또 20%는 달라스와 포트워스 지역 밖에서 발생했다. 이는 론의 마케팅 노력으로 인해 고객의 80%가 지역 시장의 외부에서 찾아온다는 뜻이었다.

그는 제일 먼저 일반 고객이 아닌 핵심 고객들을 판별함으로써 이 일을 해냈다. 핵심 부유층 고객에게 서비스할 때는 가격을 낮출 필요가 없는 대신 효율적인 방식으로 양질의 부품들을 제공해야 했다. 론은 자신의 핵심 고객이 벤츠와 BMW를 탄다고 판단했고, 전국적으로 큰 시장이 존재한다는 사실을 발견했다. 당시에 그 시장에는 실질적인 경쟁이 없었다. 그래서 론은 구매자들을 찾아내기 위해 전국의 차고와 자동차 수리점을 돌아다니면서 할 수 있는 한 많은 정보를 모았다. 나중에 렉서스와 인피니티가 시장에 출시되었을 때 그것들은 론이 제공하는 제품 목록에 자연스럽게 추가되었다.

얼마 후 론은 걸려오는 전화의 지역 번호를 통해 어떤 지역이 다른 지역들에 비해 더 많이 전화를 한다는 사실을 알게 되었다. 실제로 어떤 지역은 광고비 대비 전화 주문량이 매우 많았다. 이것은 귀중하고 매우 큰 가치가 있는 정보로, 『잉크 매거진(Inc. Magazine)』은 1994년 6월에 론의 고객 전화 추적 기법에 대한 기사를 싣기도 했다.

| 최소의 비용으로 최대의 효과를 얻어라 |

1993년 피츠사는 타코마 근처에 있는 기존 지점들에서 남쪽으로 60마일 정도 떨어진 곳에 새 지점을 열었다. 타코마 지역의 교통량이 적시에 배송하는 것을 매우 어렵게 만들었기 때문이다. 그래서 그래이엄에 있는 새 시설은 고객들에게 더 빠른 서비스를 제공하기 위한 적당한 장소에 세워졌다.

DL은 그래이엄 지역에서 도·소매 거래를 어떻게 끌어올지에 대한 대략적인 마케팅 계획을 마련했다. 그리고 계획에 따라 버스 뒷면에 광고를 붙였다. 그들은 천천히 움직이는 모든 차들이 오랜 시간 동안 광고를 보게 될 것이라고 생각했다. 그런데 그들은 거의 같은 시기에 도매점 매출이 늘어나고 있다는 점을 전혀 고려하지 못했다. 이와 같은 도매상 매출 증가는 좋은 제품이 적시에 배송된다는 명백한 증거였다. 반면 그 지역의 소매 시장은 버스 뒷면의 비싼 광고에 비해 예상 수익을 전혀 올리지 못하고 있었다. 대부분의 소매 시장들이 들어간 비용에 비해 낮은 실적을 기록하고 있었던 것이다. 그 이유는 그들이 핵심 고객을 아직까지 선정하지 못하고 버스를 이용하여 온갖 사람들에게 광고를 함으로써 시장의 폭을 지나치게 넓게 잡았기 때문이다.

DL과 그의 아버지가 그래이엄의 상황을 분석한 뒤 얘기한 결과, 대부분의 거래가 도매상에서 이루어졌음을 알게 되었다. 그래서 그들은 버스 광고 예산을 점차 줄이기로 결정했고, 광고 예산을 반으로 줄인 뒤 도매상들에게 노력을 집중함으로써 거래 기회를 얻었다. 또한 표적 고객들을 직접 겨냥한 마케팅에 비용을 투입했으며, 지역 번호별 수익을 확인했다. 쉽게 연락이 되는 도매상들은 실정에 맞게 목록을 작성했다. 그리고 외부 판매원들을 통해 새로운 고객들을 추가했다.

우편을 통한 직거래 마케팅과 판매원, 개인적인 접촉을 늘리자 도매상 매출이 급증했다. 그들은 여전히 소매 시장을 지켰지만, 더 이상 과도한 자본 투자는 하지 않았다.

▍적극적으로 팔아라 ▍

판매라는 주제는 매우 폭넓다. 너무나 광범위한 나머지 '사랑'이라는 개념처럼 많은 사람들이 그것을 당연하게 여기고 신경 쓸 필요가 없다고 결론짓는다. 가게를 내고 물건이 있으면 판매는 저절로 일어난다. 맞는가? 아니다. 판매를 당연시하지 마라. 찾아오는 손님들에게서 거의 자동적으로 발생하는 일정 금액의 판매 수입은 당신이 어떤 조치를 취하느냐와 상관없이 발생하는 것처럼 보이지만, 모든 사업에는 판매 실적을 올릴 수 있는 여지라는 것이 있다.

당신은 자신의 제품을 고객의 필요에 맞춰야만 한다. 그렇게 하려면 우선 우리가 앞에서 논의했던 것처럼 핵심 고객을 정의해야 한다. 판매를 늘리는 것은 예술이 아니라 과학에 가깝다. 당신 밑에서 일하려는 영업사원들은 판매 상승 기술을 당연히 갖춰야 하지만, 그들 모두가 똑같은 수준의 기술을 보유하고 있는 것은 아니다. 당신은 사업주로서 당신의 조직에 들어온 영업사원들의 기술 수준에 전적으로 의존해서는 안 된다. 그들 한 사람 한 사람에게서 배워라. 판매 증가나 감소의 숨겨진 원인을 스스로의 힘으로 조사하라. 판매를 늘릴 수 있는 방법을 가능한 한 모두 파악해라. 업계 종사자와도 얘기를 나눠라. 적용할 만한 곳이 있다면 그들의 충고를 따라라. 그리고 당신의 발전 정도를 실험하고 점검하라.

무엇보다도 실제 수치를 점검함으로써 판매를 늘리는 것이 중요하다. 성과를 가늠할 수 있는 기준 수치가 없다면 어떤 조치가 효과적인지 어떻게 알 수 있겠는가?

영업부 직원들의 성과는 당신, 그리고 회사에 대한 믿음과 직접적인 관련이 있다. 그들에게 당신을 믿어야 하는 이유를 제시하라. 판매를 늘리기 위해 그들을 도울 수 있는 일이 무엇인지 물어보라. 그리고 재정적으로 감당할 수 있다면 그들에게 지속적인 판매 교육을 실시하라. 당신은 경영자로서 목표를 설정하는 사람이기도 하다. 당신이 눈여겨봐온 수치들을 통해 그들의 목표를 현실적으로 설정하고, 그들이 생각하는 목표는 무엇인지 직접 물어보라. 그런 다음 목표에 도달했을

Action!

회사의 판매 목표를 세우고, 별도로 각 영업사원에게도 90일 동안의 목표를 세우게 하라.

경우 그에 따른 마땅한 보상을 해줘라. 그들이 목표에 도달하지 못했을 경우에는 그들과 대화를 나눠 원인을 파악하라. 어쩌면 당신이 현실적이지 못했을지도 모른다. 어쩌면 그들이 열심히 일하지 않았을지도 모른다. 어쩌면 구매를 청하는 사람이 없는지도 모른다.

당신이 판매에 직접적으로 참여하고 있다면, 구매를 청하는 법을 배워서 매장에서건 전화 통화에서건 적극성을 띠어야 한다. 이것이 판매를 늘리는 핵심 요소다. 고객이 다음에 사겠다고 하지 못하게 하라. 지불을 신용카드로 할 것인지 수표로 할 것인지 물어보라. 구입 상품은 언제 배송했으면 좋겠는지 물어보라. 질문할 때는 언제나 '예', '아니오'로 답할 수 없는 질문을 하라. 어떻게 하느냐는 당신에게 달려 있지만, 구매를 권하지도 못한 채 그들을 돌려보내지 마라.

자동차 재생업계에 속한 다른 회사들뿐만 아니라 우리가 고객이 되는 회사들을 관찰해보면 실제로 구매를 권하는 영업사원들이 너무 적다.

고객 입장이 되어 다른 직업인들이 당신을 어떻게 대하는지 관찰해보라. 당신은 이 일을 일주일 동안 해야 한다. 감히 말하건대, 당신이 마주치는 대부분의 상황에서 판매원이나 영업사원, 사업주는 당신이 바로 눈앞에 있거나 전화통화를 하는 중인데도 구매를 권하지 않는 경우가 많다.

고객이 물건을 사지 않고 나가는 이유는 뭘까? 당신의 경우

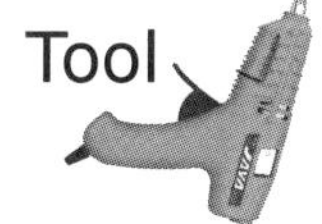

Tool

고객에게 간단하게 '예', '아니오'로 대답할 수 없는 질문을 던지는 방법을 영업부 직원들에게 가르쳐라.

Action!

앞으로 3개월 동안, 적어도 한 달에 한 번은 판매 교육 강의를 계획하라.

를 살펴보라. 생각할 시간이 주어진다면 당신은 스스로에게 나가자고 할 것이다. 다른 대안을 생각하거나 가격에 대해 다시 한번 생각할 것이다. 아니면 그냥 사지 않겠다고 결정할 수도 있다.

당신과 당신의 직원들은 사업을 성공적으로 이끄는 '판매'라는 이 중요한 일을 시늉만 내지 말고 반드시 실행해야 한다. 당신의 회사가 계속 침체되어 있었다면 현실적으로 당신과 직원들이 구매를 권하는 습관을 버렸을 가능성이 높다.

미스터리 쇼핑객을 활용하라

자, 이제 우리는 판매 상승 과학이라는 고급 전략으로 들어가고 있다. 당신의 영업사원들이 어떻게 일하고 있는지 좀더 알고 싶은가? 그렇다면 미스터리 쇼핑객을 활용하라.

대부분의 대도시에서 이런 형태의 조사를 전문적으로 하는 컨설팅 회사들이 있다. 만일 이런 회사를 찾을 수 없거나 예산에 비추어 그들의 서비스가 너무 비싸다고 느껴진다면 친척이나 친구에게 도움을 청하라.

미스터리 쇼핑객은 매장에 찾아오거나 당신의 회사에 전화를 거는 익명의 여느 고객들과 다를 바 없어 보인다. 하지만 그들은 동기가 다르다. 그들은 물건을 살 수도 있고, 사지 않

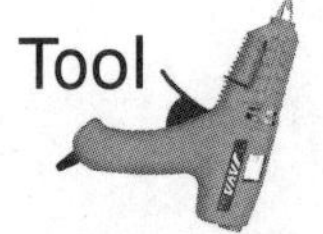

보상 전략의 객관성을 위해 쇼핑객이 검증할 항목들을 정하고 점수를 매겨라. 그럼 당신과 직원들은 서로 벤치마킹할 수 있다.

을 수도 있다. 또한 당신의 영업사원들이 자신들의 요구에 어떻게 반응하는지 보고 싶어한다(거기에는 당신도 포함된다). 이것은 당신과 당신의 직원들이 고객에게 적극적으로 구매를 권하고 있는지 판단할 수 있는 매우 좋은 기회다.

당신의 미스터리 쇼핑객은 통화가 되기 전에 전화벨이 몇 번이나 울렸는지, 영업사원이 예의 바르게 행동했는지, 매장에 처음 들어섰을 때 어떤 인상을 받았는지, 직원이 상냥에게 인사를 했는지, 적절한 시간 안에 도움을 받았는지 등을 보고해줄 것이다.

이처럼 미스터리 쇼핑객은 당신의 영업 활동이 고객들에게 어떻게 비치는지 간단한 수준에서 의견을 얘기해주는 고용된 조사원이다. 조사원은 당신과 당신의 직원들이 어떤 기법을 더 적용하거나 교육 받아야 하는지에 대해서도 알려줄 것이다.

미스터리 쇼핑객을 한두 명 고용하여 정기적으로 활용하면 판매에서 부족한 점들을 고칠 수 있고 괄목할 만한 성공을 보장하는 데 도움이 된다.

론은 미스터리 쇼핑객들에게서 얻은 객관적인 자료들을 이용하여 모든 영업사원들의 활동뿐 아니라 새로운 직원들의 발전 모습까지도 살펴봤다.

당신은 이제 당신의 사업과 관련해 미스터리 쇼핑객이 어떤 일을 하는지 알았으므로 상황을 반전시켜 이와 똑같은 전문가

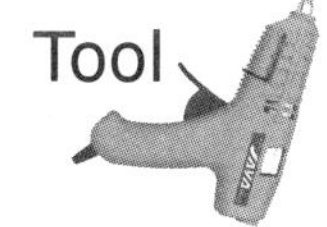

몇몇 경쟁사들에 미스터리 쇼핑객을 보낸다면 놀라운 사실들을 발견하게 되고, 사업 활동에 대한 통찰력을 수집할 수 있다.

를 경쟁사에 보내봐라. 탁월한 미스터리 쇼핑객은 당신 회사의 장·단점을 알려줬듯, 경쟁사의 여러 특성을 알려줄 것이다. 당신은 분명히 두 가지를 배우게 될 것이다. 하지 말아야 할 것과 더 잘해야 할 것!

▌마케터의 충성심을 높여라 ▌

영업사원이 한 명 이상일 때는 그들에게 판매를 늘리기 위해 회사가 실행해야 할 방안을 적어도 세 가지씩 써내라고 하라. 그리고 그들의 제안으로 인해 실제로 판매가 늘어나면 그들의 수입도 늘어날 것임을 주지시켜라.

이것으로 말미암아 판도라의 상자를 열지는 마라. 영업사원 또는 직원들의 답변을 최대 세 가지로 제한하여, 그들로 하여금 더욱 사려 깊고 구체적으로 제안하게 만들라. 그냥 말로 하지 말고 적어내라고 요구하라.

론이 수년 전에 이렇게 했을 때 나왔던 세 가지 훌륭한 방안은 다음과 같다. 그의 사업장에는 회선들을 연결하는 버튼이 아래 부분에 붙은 키폰이 설치되어 있었는데, 사용 중인 회선에는 불이 들어왔다. 그래서 고객이 특정 판매 사원을 찾으면 어느 직원이든 "조, 3번 라인이에요!"라는 식으로 소리쳐야 했다. 직원들이 제시한 첫 번째 좋은 아이디어는 거의 곧바로

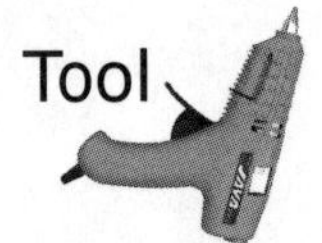

판매 증가가 어떻게 각자의 수입을 직접적으로 늘리는지 영업사원들에게 보여줘라.

시행되어 양질의 전자식 전화기가 설치되었다.

두 번째 아이디어는 아메리칸 익스프레스 신용카드를 받는 것으로서, 해본 적이 없는 일이었다. "아메리칸 익스프레스는 비즈니스 신용카드여서 대부분의 도매 고객들은 그것으로 지불합니다. 특히 큰 고객일수록 비자나 마스터카드로는 지불하지 않죠. 이 아이디어는 우리에게 많은 돈을 벌어줬습니다. 수익이 거의 한 달만에 5만 달러나 올랐으니까요."

하지만 세 번째 방안은 실패했다. 그것은 현금결제를 할 때 3%의 수수료로 고객의 수표를 보증하는 프로그램을 운영하자는 것이었다. 론의 팀은 대부분의 고객들이 3%의 수수료를 내려고 하지 않는다는 점과 그 비용 부담으로 인해 이윤이 지나치게 줄어든다는 사실을 곧 알게 되었다. 또한 론은 수표 보증 제도를 실시하기 전후의 현금결제 판매 수치를 파악함으로써, 그 제도를 실행한 뒤 판매가 증가하지 않았음을 발견했다. 그래서 그 아이디어는 실패로 끝났다.

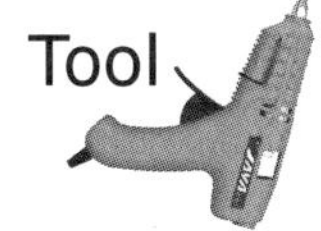

Tool

판매가 늘어나고 있는지 정말로 알 수 있는 유일한 방법은 운영 기준 수치로 점검하는 것이다. 수치가 곧 당신의 사업이다.

첫 번째 아이디어로 얻은 소득이 또 있다. 영업부의 추정 능력을 키운 것이다. 의사소통이 좋아져 판매가 늘어났고, 그로 인해 론은 더 많은 판매 사원을 채용할 수 있었다.

마지막 아이디어는 판매를 늘리는 데는 효과가 없었지만, 론과 회사에 대해 직원들이 느끼는 가치를 높여주었다. 그 이후 직원들에게 의견을 물으면 그들은 속으로 성공을 그리며 아이디어를 내놨다. 자신이 진정으로 기여하고 있다고 느끼는 직원들은 더욱 충성할 것이다. 이것은 서로에게 유익한 경영 기법이다. 게다가 론은 거기까지는 생각지 않았지만, 더 큰 이윤을 가져올 수도 있다. 판매 시점에서 볼 때 직원들은 당신의 대리인들이다. 그들은 당신이 그냥 지나칠 수 있는 귀중한 정보와 아이디어, 경험을 떠올리게 할 수 있다.

그러므로 그들의 목소리에 늘 귀 기울여라. 분명 직원들의 충성심은 커지고 회사는 더 강해질 것이다. 론과 DL의 회사가 모두 성장한 까닭은 그들이 직원들의 말에 가치를 두고 귀 기울였기 때문이다.

새로운 핵심 제품에 대한 계획을 세워라

핵심 제품 또는 서비스는 당신에게 돈을 가장 많이 벌어다 주는 것들이다. 당신이 그것에 초점을 맞추면 그것이 바로 당신의 전문이 된다. 그럼 사람들은 당신의 사업을 통해 자신들의 특별한 관심이나 필요를 손쉽게 충족할 수 있다는 사실을 금방 알게 된다.

론에게는 아들이 세 명 있는데, 그들은 모두 아버지의 다양한 지도를 받으며 자동차 재생사업장을 차렸다. 두 명은 구식 모델의 수입차 전문이고, 나머지 한 명은 지프차 부품 전문이다. 이 브랜드의 차를 소유한 사람들이 필요한 부품을 그들 자동차 재생사업장에서 쉽게 찾을 수 있다는 사실을 알기까지는 그리 오랜 시간이 걸리지 않았다. 또한 론의 아들들이 자신의 분야에서 전문가가 되는 데도 오랜 시간이 걸리지 않았다. 모든 사실을 조금씩 알아가기보다 한 가지를 제대로 아는 것이 더 중요하다.

일반적으로 론의 아들들은 온갖 종류의 자동차를 분해하는 경쟁자들보다 부품을 팔아서 버는 돈이 많았는데, 이유는 자신들의 전문 부품에 대해 잘 알았기 때문이다. 그들은 각자 자신의 핵심 고객을 파악하고, 제품과 서비스를 고객에게 맞췄으며, 그에 따라 마케팅 계획을 세웠다. 각자 특정한 브랜드가 자신들의 핵심 제품이다. 다른 품목들도 팔기는 하지만 가장 많은 돈을 벌어다주는 재생품은 그들의 전문 브랜드와 관련한 것들이다.

당신은 자신의 핵심 제품을 어떻게 결정하는가? 단순히 열정에 따른 문제라고 생각한다면 그것은 훌륭한 사업적 판단을 위한 토대가 되지 못한다.

핵심 제품은 반드시 시장의 수요가 있어야 한다. 수요는 핵심 제품의 흐름과 수치를 파악한 뒤 시장을 시험함으로써 알 수 있다. 또한 제품이나 서비스 종류에 따라 기준 수치를 나눠 파악함으로써 알 수 있다. 아마 당신은 직관적으로 자신의 핵심 제품이 무엇인지 정확히 알고 있겠지만, 여러 가지 다른 힘에 이끌리게 될지도 모른다. 계속해서 높은 가격을 받고 싶다

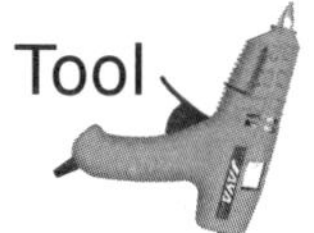

"제품 종류는 핵심 고객과 맞아떨어지는가?" "마케팅은 핵심 고객을 표적으로 삼고 있는가?" 이 질문에 "그렇다"라고 답할 수 없다면 당신은 변해야 한다.

거나 어떤 제품을 제공하는 것이 무가치하다고 생각할 수도 있다. 따라서 당신이 선택한 핵심 제품에 대해 사람들의 관심과 필요가 있어야 하고, 그 관심과 필요가 시장에서 오랫동안 유지되리라는 확신이 있어야 한다.

또한 핵심 제품으로 사업을 하기 위해서는 반드시 제품의 공급이 계속해서 이루어져야 한다. 무스탕 자동차의 부품을 전문으로 팔았던 남자를 기억하는가? 무스탕 부품이 그에게 이익이 되지 못했던 까닭은 포드사가 무스탕 자동차의 생산을 중단함으로써 시장이 곤두박칠쳤기 때문이다. 공급원이 말라 버렸던 것이다.

더 이상 생산되지 않는 제품을 전문으로 취급하면 잠깐 동안은 수익을 볼 수 있다. 실제로, 한정된 공급품을 확보하는 능력이 있다면 상당한 이윤을 누릴 수 있다. 하지만 우물은 곧 말라버린다. 그와 같은 추락이 예상된다면 새로운 핵심 제품에 대한 계획을 세워라. 잊지 마라. 명성을 쌓는 데는 시간이 걸린다. 충분한 시간을 가져라.

과도한 경쟁을 자제하라

수년 전 자동차 재생업계에는 수입 자동차를 취급하는 사람들과 국산 자동차를 취급하는 사람들이 있었다. 이것은 농담이 아니다. 당신이 1980년대 중반에 자동차 재생업자로서 수입 자동차를 취급했다면 당신은 '다른 부류'로 여겨졌을 것이고, 업계에서는 당신과 얘기하고 싶어하는 사람들이 별로 없었을 것이다. 하지만 90년대에 들어서자 그와 같은 인식은 사라졌고 오늘날에는 확실히 달라졌다.

시대가 변함에 따라 국산 부품들은 이윤이 떨어졌다. 갈수록 많은 재생업자들이 그 사업에 뛰어들었고 그만큼 이익은 추락했다. 이와 같은 경우는 론이 경험한 시나리오에서 사전 준비에 관한 것이다.

"한 이웃은 내가 자동차 재생사업을 하고 있다는 걸 압니다. 그는 피자 가게를 운영하죠. 그는 내가 새로 나온 벤츠를 모는 것을 봅니다. 그는 세비를 몰아요. 그러다가 나는 그가 새로 나온 BMW를 몰고 있다는 걸 알게 됩니다. 그는 내가 새로 나온 벤츠를 몰고 있다는 걸 알고 있습니다. 그래서 그는 재생사업장을 열기로 결심합니다. 나는 그가 새로 나온 BMW를 모는 것을 봅니다. 그래서 나는 피자 가게를 열기로 결심합니다.

당신이 그것을 알기 전에 우리 두 사람은 파산 상태가 됩니다. 왜냐고요? 우리는 모두 우리가 처음부터 알고, 잘하는 일에서, 그리고 핵심 제품에서 멀어져버렸으니까요."

이 이야기는 경쟁 때문에 자신의 미래를 몰아내지 말라는 교훈을 담고 있다. 당신의 모든 경쟁자들이 같은 업계에 종사

Action!

당신의 제품과 서비스들을 조사하여, 없앴을 경우 사업에 손해를 끼치지 않는 것들이 있는지 판단하라.

하는 것은 아니다. 때때로 당신의 이웃이나 고등학교 동창, 또는 주변의 다른 사람이 경쟁자가 될 수 있다.

당신이 정말로 경쟁을 해야 한다면 잘 알고 있고 가장 잘하는 일을 붙들어라. 견디지 못한 경쟁자가 변화를 꾀한다면 내버려둬라. 하지만 당신은 자기가 하는 일에 계속 초점을 맞추어 더 능숙해져야 한다. 그렇게 하면 경쟁자는 당신을 따라오는 것은 고사하고 감히 넘보지도 못한다. 풀밭은 흔히 울타리 안에서 가장 푸른 법이다.

chapter 7

성공한 사장의 고객 관리

| 고객의 발길을 돌려라 |

당신이 제품이나 서비스를 판다면 사업은 대부분 판매를 중심으로 돌아간다. 앞에서 우리는 사업의 성공 여부가 판매에 달려 있다고 말했다. 그래서 당신을 성공의 초석이라고 하는 '판매' 에까지 이끌고 왔다. 우리는 당신이 사업 전체에서 판매 성공률과 영업팀의 성공률에 대한 조사가 얼마나 중요한지 깨닫길 원한다.

당신은 각각의 판매 시점에서 무슨 일이 일어나는지 구체적으로 알아야만 한다. 이것을 가볍게 여겨선 안 된다. 더욱 중요한 사실은 판매 시점이 존재한다는 것을 알아야 한다는 점이다.

멍청한 소리처럼 들리는가? 하지만 물건을 사지 않고 매장을 그냥 나가거나 전화를 끊으려는 수천 명의 예비 고객들을 되돌려 세울 수만 있다면 그렇게 해야 하지 않을까?

예비 고객이 돌아서는 이유를 찾아내기 위해 조사가 필요하고, 수치를 따져야 하며, 판매 기준 수치를 점검하고 목표를 세우는 것이다. 또한 바로 그 이유 때문에 매번 당신이 구매를 권하는 것이다. 이렇게 이유를 찾아냄으로써 당신은 예비 고객들을 되돌려 세울 수 있다.

당신은 시간을 들여 판매의 모든 세부 사항들을 연구하고 수치들을 향상시킬 방법들을 분석해야 한다.

우리는 사업 발전을 위해 여러 해 동안 판매에 필요한 모든 측면들의 세부 사항들을 연구하고 분석했다. 우리는 당신도 똑같이 할 것을 권하면서 당신이 실천에 옮겨야 할, 우리가 배웠던 몇 가지 조치들을 당신에게 보여주고 있다. 하지만 일단 이 책을 내려놓으면, 당신은 우리의 통제를 벗어난다는 것을 알아야 한다. 우리는 당신의 기억에만 의존하여 당신에게 영향을 미치게 될 것이다.

우리는 단지 우리를 성공으로 이끌었다고 생각하는 몇 가지 원칙들과 경험들을 전달하고 있을 뿐이다. 우리는 당신이 책을 주의 깊게 읽기를 바란다. 당신은 그저 자리에 앉아서 주문이 들어오기를 기다려서는 안 된다. 당신은 모든 면에서 적극적이어야 한다.

▌고객을 끌어안아라 ▌

당신이 원하는 것은 고객이 정중한 대우를 기대하며 매번 당신 매장을 찾아오는 일이다. 당신은 경영자로서 고객이 다음에 다시 왔을 때 더 나은 서비스를 제공할 방법을 자문해봐야 한다. 그 방법은 고객을 인정하는 것에서 찾을 수 있다. 고객을 참여시켜 그의 필요에 딱 맞는 서비스를 만들어라.

모든 명세서에 엽서 형태의 고객 만족지수 설문지를 넣어라. 그리고 결과를 객관적으로 채점할 수 있는 방안을 마련하라. 그렇게 하면 향상 정도를 측정할 수 있다. 그 결과를 모든 직원들에게 공개하라.

몇몇 식당에서 이런 엽서들을 볼 수 있다. 대부분의 고객들은 일부러 시간을 들여 이런 만족지수 설문지를 적지 않는다. 사실 당신에게 돌아오는 설문지들은 대부분 불만이 적힌 것들일 수 있다. 하지만 고객들에게서 응답을 받는 것만큼이나, 만족지수 설문에 응답하지 않는 95%의 고객들에게 당신이 노력하고 있다는 이미지를 남기는 일도 중요하다. 당신은 그들에게 성의를 보였다. 그들의 의견을 존중한다고 말한 것이다. 응답하지 않은 대부분의 사람들은 그 점을 좋게 평가할 것이며, 만일 자신들에게 불만이 있으면 당신이 기꺼이 그 얘기를 경청해주리라고 생각할 것이다. 이때 당신은 돌아온 모든 엽서에 답장을 보내야 한다. 이것은 매우 중요한 일이다.

이렇게 하면 당신은 업계에서 '개척자'로 평가받을 수 있다. 식당을 제외한 작은 사업장에서는 이런 종류의 설문조사를 하는 곳이 별로 없기 때문이다.

Tool

청구서 봉투에 넣을 수 있는 회송 엽서에 고객 만족도를 표시할 수 있는 항목을 만들어라.

고객 만족은 현실이다. 고객들이 느끼는 문제에 당신이 관심을 가진다는 사실을 알려라. 그들에게 그 문제를 토로할 곳이 있다는 것을 보여줘라.

┃고객의 요구를 파악하라┃

또 하나의 간단한 마케팅 기법이 있다. 우선, 상위 100명의 고객들을 선별하고 그들을 비공개 목록에 적어넣어라. 그런 다음 직접 나가거나 판매원을 통해 그들과 면담하라. 고객들이 가장 원하거나 필요로 하는 것이 무엇인지, 당신의 경쟁자는 어떤지 물어보라. 당신의 서비스와 제품 구조 중 만족스러운 것은 무엇인지, 그리고 어떤 것이 더 큰 만족을 주는지에 대해서 물어보라. 당신은 그들이 더 나은 서비스나 제품을 제공할 수 있는 방법들을 제안해주기를 바랄 것이다. 그들 중에는 당신이 예전에 미처 생각지 못했던 실마리를 제공해줄 사람이 분명히 있다.

정리해보면, 우선 고객을 정한다. 그리고 그에게 당신이 누구이며 무엇을 제공하는지 분명히 알린다. 그런 다음 고객을 좇아다니면서 그가 정말로 필요로 하고 원하는 것이 무엇인지를 알아낸다. 할 수 있다면 필요를 채워주고, 그가 원하는 서비스를 제공한다. 그에 따른 보상은 부분적으로는 더 많은 수

누가 당신의 핵심 고객인지 알면 불필요한 지출을 막는 데 도움이 된다. 이 정보는 당신의 노력 방향을 바꾸어 놓을 수 있다.

익이고, 이것은 물론 당신이 원하는 바다. 또한 당신은 고객 충성심이라는 보상도 받을 수 있다. 그것은 광고비로도 살 수 없는 소중한 자산이다. 이것이 바로 마케팅이다.

당신의 고객이 누구인지 알았다면 그 정보를 활용하여 모든 결정들을 조정하라. 이 정보는 얼마나 많은 주차장을 설치해야 하는지, 얼마나 많은 배송 트럭이 실제로 필요한지, 전시실에 무엇을 전시해야 하는지 등을 판단하는 데 도움이 된다. 또한 제품과 서비스에 관한 모든 결정들에 영향을 미친다.

▌고객을 당신의 팬으로 만들어라 ▌

유명한 라디오 색(RadioShack)사의 찰스 탠디는 언젠가 "가장 유망한 고객은 방금 당신에게서 무언가를 산 고객이다"라고 말했다. 이 말을 늘 명심하고 있던 론은 1년에 두 번씩 주말 행사를 열어 고객들이 자동차 부품을 직접 챙겨갈 수 있게 했다. 20달러만 내면 원하는 부품을 모두 가져갈 수 있었다.

론의 경쟁자들 중에는 주말에 2000명의 방문객들이 찾아 4만 달러 이상의 수익을 올리는, 대단히 성공적인 행사를 치른 사람들이 있었다. 하지만 론은 더 큰 수익도 가능하다고 생각했다. 그래서 그는 그 아이디어를 조금 바꿔 다른 정책을 폈다. 겉으로는 책임 각서라고 하면서, 모든 방문객에게 이름과 주소를 일지에 정확히 적고 서명하게 한 것이다. 이를 정확히 적지 않은 사람은 행사장에 들여보내지 않았다. 그는 그 행사의 마케팅을 위해 초기에 많은 돈을 썼는데, 때로는 필요한 숫자를 채우기 위해 2만 달러나 쓰기도 했다. 하지만 5만 달러를 벌었으니, 수익은 좋은 편이었다. 그런데 론은 여기에서 끝내지 않았다. 가장 큰 차이를 보인 그의 정책 내용은 서명 일지를 통해 주소록을 만든 뒤 행사 안내장을 보낸 점이다. 그래서 6개월 뒤 그가 다시 '원하는 것을 몽땅 가져가세요' 행사를 열었을 때는 1만 달러밖에 쓰지 않았는데, 그 금액에는 지난번에 왔던 고객들에게 보낸 우편 요금이 포함되어 있었다. 다시 6개월 뒤에는 5000달러밖에 쓰지 않았다. 반면 매출은 매번 증가했다. 이렇듯 한 번 찾아왔던 고객들은 당신이 할인 행사를 하는 줄 알면 다시 찾아올 것이다. 핵심은 당신이 할인 행사를 하고 있다는 사실을 그들에게 알리는 데 있다.

최고의 고객은 바로 당신 앞에 서 있는 고객이다.

잊지 마라, '가장 유망한 고객은 방금 당신에게서 무언가를 산 고객이다!' 이런 것이 바로 마케팅이지만 실행에 옮길 때에만 비로소 성과가 나타난다. 당신이 할 수 있는 방법을 총동원해 주소록을 만들어라. 그리고 우편엽서를 이용해 특별 행사를 알려라. 특별 행사를 열 때마다 주소록을 늘려라. 우편엽서에 '이 엽서를 가져오면 구매액에서 1달러를 빼준다'는 문구를 써넣어라. 이는 그 엽서를 가지고 가야겠다는 동기를 제공하며, 엽서는 다가오는 행사를 기억하게 만든다.

때때로 론은 이런 행사를 2주에 걸쳐 연달아 열곤 했다. '원하는 것을 몽땅 가져가세요' 행사에 내놓은 제품들은 일반적으로 고가의 재고가 아니라 어떤 식으로든 처분하려던 자동차에서 나온 부품들이었다. 따라서 그가 이런 행사를 열어 부품을 팔지 않았더라면 자칫 잃어버릴지도 모를 돈이었다.

|고객과의 관계를 지속하라 |

이 일을 통해 많은 것을 배운 론은 자신이 찾는 꽃가게와 액자 가게 주인들에게 고객의 주소록을 갖고 있는지 물었다. 그는 그들이 수년 동안 사업을 해왔음에도 어느 누구 하나 그런 목록을 갖고 있지 않다는 사실을 알고 놀랐다. 주위를 둘러보니, 온갖 종류의 소규모 회사들이 물건을 산 고객들의 주소록도 확보하고 있지 않은 채 사업이 성장하지 않거나 수익성이 떨어진다고 불평만 해대고 있었다.

론이 질문을 던졌던 많은 사업주들은 대부분 높은 광고비 때문에 불평을 해댔다. 론은 소중한 고객들이 아무런 연락처도 남기지 않고 그냥 가버린다는 것을 많은 사업주들이 놓치고 있다는 사실에 놀라지 않을 수 없었다.

실제로, 고객들은 물건을 고르고 돈을 지불하고 영수증을 받은 뒤 그냥 가버렸다. 그리고 사업주는 그들이 누구인지, 어

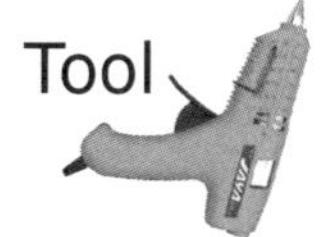

Tool

주소록처럼 고객들에게 연락할 수 있는 데이터베이스를 만들어라. 그들은 당신의 성공과 직접적인 연관이 있으므로 그들과 연락할 방법을 반드시 알아야 한다.

Tool

당신의 고객들은 어느 지역 출신인가? 당신은 그것을 반드시 알아야 한다.

디에 사는지, 어떻게 하면 연락을 할 수 있는지 아무것도 몰랐다. 그만큼 사업주는 그들을 다시 데려오기 위해 더 많은 광고비를 써야 했다.

사업주들이 고객들과 연락할 수 있는 방법에 대해 깊이 생각해봤다면 그처럼 많은 돈이 문 밖으로 흘러나가도록 그냥 내버려두지는 않았을 것이다.

이 일을 해낼 방법은 늘 있다. 기꺼이 기록을 해주는 고객들에게 보상을 하면 된다. 당신은 주소록을 만들기 위해 론이 했던 것처럼 고객에게 직접 필요한 모든 정보를 기록해달라고 요구할 수 있다. 물론 이런 행위에 불평하거나 기분 나빠할 고객들도 있겠지만, 일반적으로 고객의 저변을 넓히는 데 일조할 것이다. 왜냐하면 이런 자료를 바탕으로 그들에게 특별 행사나 신제품 발표회에 대한 정보를 언제나 신속하게 알려줄 수 있기 때문이다. 이것이 바로 마케팅이다.

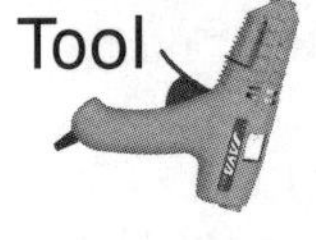

방문하거나 전화를 건 모든 고객들에게 어떻게 당신을 알았는지 물어보라. 그리고 그들이 하는 말을 메모 형식으로 기록해두라. 그럼 마케팅이나 광고에서 중요한 결정을 내릴 때 도움이 된다.

┃그물에 들어온 고객을 놓치지 마라┃

사업의 틀을 만들어나가는 동안 고객을 무시해서는 안 된다. 고객이 먼저다. 그들 한 사람 한 사람은 마지막 고객이자, 다음 고객만큼이나 중요하다. 사업 이미지와 접근 방식을 개선해나가는 동안에도 고객들에게 당신이 할 수 있는 최고의 관심과 서비스를 제공하라.

기본적인 것들도 제대로 갖춰지지 않았는데 고객이 다음에 다시 찾아올까? 아마 그렇지 않을 것이다. 그뿐 아니라, 불쾌감을 느낀 고객은 회사에 대해 좋지 않은 말을 하고 다닐 수도 있다.

당신이 물건을 제시간에 배송하지 않거나 공정한 시장 가격으로 제공하지 않는다면 거래를 할 수 없다. 그때는 단순히 회사 이미지를 어떻게 바꾸느냐의 문제로만 끝나지 않는다.

우리가 이 장에서 말하고자 했던 것은 사업의 한 부분이 따로 떨어져 독립적으로 이루어지지 않는다는 점이다. 괄목할 만한 성공은 사업의 모든 영역에서 모든 경쟁자들보다 앞설 때 이루어진다.

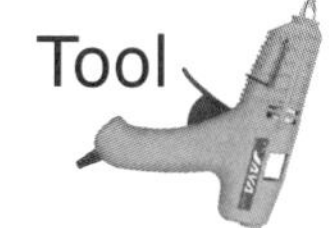

Tool

사업의 질과 전반적인 대외적 모습을 개선하고 있다 해도 여전히 고객의 필요가 최우선이다.

chapter 8

성공한 사장의 브랜드 관리

┃ 이미지를 높여라 ┃

당신에 대한 이미지는 고객들의 잠재의식에 계속해서 남아 있게 되므로 매우 중요하다. 당신 회사에는 로고가 있는가? 표준 색채 구성은 되어 있는가? 만일 그렇지 않다면 대중의 머릿속에 각인된 당신의 회사 이미지와 전반적인 상징에 대해 생각해볼 시점이다.

당신이 꽃가게를 운영한다고 해보자. 시간이 지나면서 당신은 주 고객을 판별해낼 수 있었고, 그들이 빨간 장미를 정말로 좋아한다는 사실을 발견했다. 그렇다면 당신 가게의 로고는 빨간 장미가 되어야 한다. 한 걸음 더 나아가 꽃가게를 빨간 장미색으로 칠하라. 벽화 아티스트를 채용해 건물의 앞이나 옆이 빨간 장미 정원처럼 보이도록 그려라.

이처럼 일관되게 보여주는 시각적 이미지는 고객의 마음속에 강한 인상을 남긴다. 당신은 그 인상이 기초적인 것이 되도록 해야 하는데, 그 이유는 간단한 이미지가 기억하기에는 더 쉽기 때문이다. 빨강이나 노랑 같은 원색은 기억 속에 남아 쉽게 떠오르며, 이 가운데 어느 이미지들은 간단한 그래픽 그림을 매우 쉽게 떠올리게 하는 구실을 한다. 이 점을 기억해둬야 당신과 당신 사업에 유리하다.

로고는 당신 회사의 얼굴이다. 고속도로 표지판에 간단한 도형들이 사용되는 이유가 뭘까? 언어에 상관없이 그것만 보면 누구나 쉽게 지시를 따를 수 있기 때문이다. 우리는 모두 사슴 출몰 지역임을 알리는 경고 표지판을 보면 보다 조심해서 운전을 해야 한다는 사실을 알고 있다. 이런 이미지들은 우리의 잠재 기억 속에 정리되어, 간단하고 쉽게 알아볼 수 있는 하나의 언어로 작용한다. 이 점이 바로 당신이 회사 로고를 통해 달성해야 하는 목적이다. 즉 오고가는 고객들이 보게 되는 모든 시각적 요소들을 통해 어떤 회사인가를 한눈에 보여주는 것이 중요하다.

이는 '브랜딩'이라고 부르는 활동의 일부로, 목장의 소와 말에게 낙인을 찍는 서구적 관념을 따와 비즈니스에서 흉내낸 것이다. 과거 서구에서는 누가 무엇을 소유하고 있는지에 대해 전혀 의심할 필요가 없었다. 그것이 오늘날 로고 사용을 가져왔고, 고객과 일반 대중이 특정 회사의 특정 서비스나 제품을 알아보는 데 도움을 주기 위해 간단한 언어 이미지가 만들어졌다. 브랜딩 작업을 시작할 때는 당신의 제품이나 서비스

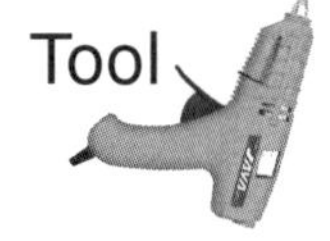

Tool

로고는 핵심 고객이 원하는 것을 당신이 가지고 있다는 사실을 분명히 보여줘야 한다.

가 경쟁자의 것보다 나은 점이 무엇인지, 당신의 회사를 구별 짓는 점이 무엇인지를 자문하라.

브랜딩은 우리가 날마다 접하는, 수많은 방식으로 울려퍼지는 모든 광고나 곳곳에 붙어 있는 인쇄물로부터 당신의 제품을 돋보이게 만드는 작업이다. 다른 사람들의 눈에 띄려면 경합을 해야 하는데, 경합에서는 돋보이는 것이 우선이다. 시장은 시끄러운 곳이다. 사업을 하려면 눈에 띄어야 할 뿐만 아니라 오랫동안 기억되어야 한다.

Tool

아무리 평범한 제품 유형과 서비스라 할지라도 브랜드를 붙이면 시장에서 회사를 차별화할 수 있다.

당신은 일반적인 일용품을 팔고 있어서 브랜드를 붙일 수 없다고 생각한다면 틀렸다! 우유는 일용품이지만 기업들이 그것을 어떻게 만들어놨는지 보라. 일용품인 물을 사업가들이 병에 담아 어떻게 만들어놨는지 보라. 연료 역시 일용품이지만, 다양한 특성의 첨가제를 넣었다고 홍보하는 온갖 종류의 브랜드들이 있다. 어떤 제품은 '당신의 연료 탱크 안에 호랑이를 넣어라' 며 유혹한다. 이것이 바로 브랜딩이다. 당신은 건물에 붙어 있는 호랑이 그림을 보고 그 제품의 독특한 색채 구성을 알아차리게 된다. 이것이 대중의 마음속에 개념이 생기는 방식이며, 그 개념이 한 세대에서 다음 세대까지 지속되는 이유가 되기도 한다.

론은 광고와 요금 청구서에 '평생보증제도에 대해 물어보세요' 라는 문구를 넣었다. 한 번은 경매장에서 우호적인 경쟁자 한 명이 그에게 다가오더니 "도대체 자네가 어떻게 부품을 영구 보증하는지 알고 싶네. 평생보증제도인가 뭔가에 대한 광고를 봤거든. 그건 미친 짓이네. 부품을 영구 보증해줄 수는 없어"라고 말했다. 이에 론은 "모든 부품을 영구 보증하지는 않아"라고 대답했다.

"이런, 광고에는 그렇게 한다고 되어 있던걸!"

"아냐, 우리 광고에는 '평생보증제도에 대해 물어보세요' 라고 되어 있어."

"아, 그래? 난 또 모든 부품을 영구 보증하는 줄 알았지."

이것은 대중의 마음속에 개념이 어떤 방식으로 생기는지 잘 보여주는 좋은 예다. 사람들은 같은 문구를 읽고도 제각기 다른 식으로 기억할 수 있지만, 이 경쟁자가 약간 흥분한 이유는 자신은 자동차 부품을 '영구' 보증할 수 없기 때문이다. 만일 그가 론의 고객이었다면 론에게는 평생보증제도가 있으므로 다른 곳에 가기보다 론과 계속해서 거래하리라고 마음먹었을 것이다.

이 광고는 다른 것은 몰라도, 자신이 전문으로 하는 자동차 부품 일부에 대해서는 기꺼이 보증하겠다는 론의 입장을 대변해주었다. 그의 고객은 특별히 제품 보증을 받아야 할 필요가 없었지만, 안정된 보증을 제공받을 수 있었다. 따라서 이 문구는 다른 경쟁사들에 비해 론의 회사를 돋보이게 만들었고, 그렇게 하지 않았으면 얻지 못했을 고객 충성심을 만드는 데 큰 도움이 되었다.

|브랜드 관리를 서둘러라|

브랜딩은 고객의 인식에 영향을 미친다. '코카콜라'의 톡 쏘는 맛은 가슴속 갈증까지 해소시켜주지 않는가? 당신이 '버거킹' 버거를 샀다면 단시간에 포만감이 채워질 것이라고 기대하지 않겠는가? 이것이 바로 브랜딩이다.

당신의 회사명은 브랜드인 동시에 지적 자산이다. 당신은 지적 자산의 가치를 이해해두는 것이 좋다. 당신은 수표나 중요한 서류에 서명을 하는데, 그것은 당신을 타인과 다르게 보이는 구실을 한다. 회사명도 마찬가지다. 만일 누군가 광고·마케팅 예산 또는 탄탄하게 자리잡은 네임 브랜드를 이용해먹기 위해 당신을 흉내내려 든다면 당신은 법에 호소하게 될 것이다.

당신이 선택한 회사명을 등록하는 것은 절대로 해가 되지 않는다. 누군가 당신의 아이디어에 도전해오는 법적인 경우가 생기면 그것은 더욱더 큰 무게를 지니게 된다.

4대째 경영자인 DL은 대학을 졸업하자마자 피츠사에 들어온 순간부터 회사명 등록이 얼마나 중요한지를 알고 있었다. 그는 아버지에게 70년 동안 사용해오고 있는 회사명을 등록해두었는지를 물었다. 그의 아버지는 등록을 해놓지 않았고, 아들에게 그렇게 하라고 허락했다. DL은 곧바로 등록을 했으며, 그로 인해 회사의 브랜드 네임은 어떠한 상황에서도 절대

Action!

회사명을 상표로 등록하라.

로 불리한 공격을 받지 않게 되었다. 또한 회사가 팔릴 때도 상당한 가치를 더해주었다.

당신은 고객의 밑바탕에 깔려 있는 집단의식뿐 아니라 일반 대중의 마음속에도 깊은 인상을 남기기 위해서 열심히 노력한다. 그 브랜드 네임은 당신의 지적 자산이므로 반드시 지키고 보호하도록 해야 한다.

회사가 발전해 여러 곳에 지점이 생길 때는 특허청에 등록을 해두는 것이 바람직하다. 상표는 특허와 같기 때문에 사용에 관한 공증된 기록이 중요하고, 또 필요하다. 상표 등록을 서두르면 서두를수록 브랜드 네임을 더 철저히 보호할 수 있다. 백만장자가 될 때까지 기다리지 마라. 등록을 일찍 해놓으면 당신이 성공을 거두었을 때 적어도 그 점에 대해서는 아무도 당신이 탄 배를 흔들지 못할 것이다.

| 나를 응원하는 네트워크를 만들어라 |

네트워킹은 당신이 제안하는 거래의 속성과 당신이 누구인지에 대해 잠재 고객의 인식을 열어주는 중요한 열쇠다. 그렇다고 '네트워크 마케팅'에 나오는 전혀 새로운 열광 현상에 대해 얘기하는 것이 아니다. 인간관계를 당신에게 유리한 방향으로 이끌려면 지역사회에서 어떻게 움직여야 하는지에 대한 유용한 정보를 말하고 있는 것이다.

효과적인 네트워킹을 한다는 것은 당신이 교제에 대해 전략적으로 생각하고 있다는 하나의 방증이다. 혹자는 사람들이 자신들과 비슷한 사람들을 끌어당기는 경향이 있다고 말한다. 그렇다면 당신이 시도를 고려해야 하는 또 하나의 전략은 당신이 끌어당겨야 하는 유형의 사람들과 접촉하는 것이다. 거래를 하고 싶은 사람들과 어울리려고 노력하라.

사람들과 어떻게 네트워킹해야 당신에게 고객을 보내줄까? 우선 일반 게시판이나 기업 자문 게시판에 봉사를 자청하라. 그리고 협회의 일을 자원하라. 자원 봉사를 하는 곳에서는 누구의 의견이라도 환영받는다. 당신이 귀중한 의견을 내어 사람들을 도우면 그들은 새로운 고객들을 당신에게로 보낼 것이다. 그것이 인간의 본성이다.

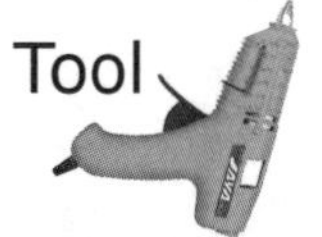

Tool

대중 앞에서 연설할 기회를 얻어라. 연설은 당신의 사업을 마케팅하는 훌륭한 방법인 동시에 사업가로서의 당신 이미지에 존경심을 더해준다.

네트워킹을 하는 또 하나의 방법은 사업이나 협회 모임, 클럽 오찬, 특히 고객 오찬에서 자발적으로 연설을 하는 것이다. 또한 지역 상공회의소에 가입하고 참여할 수도 있다. 아마도 당신이 아는 것보다 더 많은 지역 협회들이 있을 것이다. 그곳에서는 모두 정기적으로 모임을 여는데, 대부분 연설자나 소식지에 실을 글을 간절히 원한다.

대중 앞에서 말하는 것이 부담스러울 수도 있지만, 협상 연습의 한 형태일 뿐이라는 사실을 깨닫는다면 마음이 편안해질 것이다. 연설은 하면 할수록 능숙해진다. 단, 연설의 핵심은 당신의 업적에 대한 지나친 자랑에 있지 않고, 청중이 알아야 하는 주제, 즉 당신의 사업이나 업계의 일면에 대해서 교육적인 내용을 설명하는 데 있다.

▮ 대중에게 알려라 ▮

회보에 광고를 내거나 협회에서 주는 상을 타거나 직원을 승진시킬 때는 언제든지 지역 신문의 경제면 편집장에게 통고하라. 신문이나 잡지, 회보에 회사에 관한 긍정적인 기사가 나면 스크랩하여 은행원에게 우편으로 보내라. 좋은 은행원이라면 그것을 당신의 신용 파일에 모아둘 것이다. 당신이 큰 금액의 대출을 신청할 때는 그 신용 파일이 모든 담당자들에게 회람된다. 그들은 스크랩 기사들을 읽을 테고, 그와 같은 긍정적인 정보는 관계를 튼튼히 하는 데 도움이 된다.

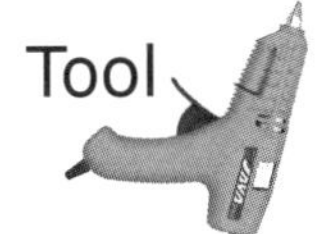

자랑거리를 밝히는 일과 자신이나 회사를 알리는 일에 결코 주저하지 마라.

모든 소규모 사업주들은 홍보의 의미 및 중요성에 대해 알아야 한다. 좋은 홍보란 긍정적으로 사람들의 시선을 끌어모은다. 그것은 저절로 이루어지지 않는다. 자리에 앉아서 홍보가 문앞에 당도하기를 기다린다면 당신은 크게 실망하게 될 것이다. 좋은 홍보는 결코 제발로 나타나지 않는다.

홍보란 당신에게 일어나는 긍정적이고 생산적인 모든 일들을 통해 만들어내는 어떤 것이다. 긍정적인 홍보는 은행에 쌓아둔 돈과 같다. 당신에게 고객을 데려다주고, 당신의 사업에 영향을 미칠 수 있는 사람들에게 좋은 인상을 심어준다. 또한 신뢰성을 부여해주고, 어떤 일을 잘하고 있음을 보여주며, 사업이 발전하고 있음을 나타내주고, 사업 공동체 내에 당신의 중요성을 더해주며, 고객들에게 당신의 존재를 일깨워준다.

▌보도 자료를 활용하라 ▐

사업을 위한 보도 자료의 가치를 과소평가하지 마라. 실제로 당신은 한 달에 한 번, 1년에 적어도 6회의 발송 목표를 세워야 한다. 그것은 손쉬운 일일 뿐 아니라 거의 돈이 들지 않는다. 새로운 제품과 직원 승진, 제공하는 새로운 서비스, 사업상의 공헌, 회사의 수상 소식 등 알려야 할 내용을 찾아라.

당신은 보도 자료를 직접 쓸 수도 있다. 론은 그렇게 했고, 그 결과 『잉크 매거진』을 비롯하여 많은 신문과 업계 소식지에 기사가 실렸다.

Action!

1년에 여섯 번 정도 보도자료 발송 목표를 세우고, 두 달에 한 번씩 시간 계획을 짜라.

론은 "보도 자료를 직접 쓰는 일은 사업에 크나큰 도움이 되었습니다"라고 말했다. 당신에게도 마찬가지다. 보도 자료를 쓰는 데 도움이 되는 자원을 찾고, 때론 비용이 좀 들더라도 전문가의 힘을 빌리는 것도 좋다.

보도 자료를 직접 우송하려면 마이크로소프트 워드 프로그램을 이용하라. 레이블 항목에 가면 당신이 선택한 언론 매체의 주소를 템플릿으로 만들어서 저장할 수 있다. 은행원에게도 잊지 말고 꼭 보내라. 다른 중요한 매체들, 즉 당신의 업계에 어울리는 잡지와 업계 소식지, 협회 회보 등도 포함시켜라. 론의 언론 매체 목록은 갈수록 늘어나서 몇 년 사이에 400군데가 넘었다. 그는 보도 자료가 준비되면 레이블 항목에서 주소록을 프린트하여 즉시 우송한다. 이 중요한 작업을 손쉽게 할 수 있는 기술과 서비스가 나와 있다.

보도 자료를 게재하는 데 성공하려면 당신의 표적 간행물을 구독하는 소비자, 또는 고객의 이익에 관한 내용이 핵심이 되어야 한다. 단지 회사를 알리는 내용이라면 실리지 못할 것이다. 훌륭한 전문 조력자는 당신에게 무엇을 써야 할지 조언해줌으로써 게재율을 높일 수 있도록 도와줄 것이다.

▮ 돈을 벌 수 있는 시스템을 갖춰라 ▮

외양, 보여지는 겉모습은 판매의 잠재 의식적 측면이다. 성공하기 위해서는 성공한 사람처럼 보여야 한다. 자동차 재생 사업의 폐차장이 고철소인 시대는 지났다. 하지만 론이나 DL은 포드 자동차 회사 같은 구매자에게 고철소를 팔지 않고, 팔 수도 없었다. 그들은 훨씬 더 많은 것을 원했다.

당신이 무슨 사업을 하고 어떤 분야에 종사하든 원칙은 같다. 사람들은 자기 눈에 보이는 바에 따라 판단한다. 후원자들의 눈에 정리되지 않고 어지럽게 널려져 있는 모습이 보이며, 찾아오는 고객들의 눈에 음료수 깡통과 커피잔이 뒹굴고 바닥에 먼지가 쌓인 모습이 보인다면 과연 그들이 당신의 사업을 진지하게 받아들일까?

당신이 성공한 사람처럼 보이지 않는다면 아마 성공하는 데 어려움을 겪게 될 것이다.

자동차 재생업계에 종사하는 몇몇 사업자들은 업계의 변화를 따라가지 못했다. 우리는 그와 같은 경영자들이 이 글을 읽고 깨어나기 바란다. 어떤 업계든지 나쁜 사람들이 좋은 사람들을 어렵게 만든다.

대부분의 여성들은 '고철소' 이미지 때문에 폐차장에 가서 부품을 잘 사지 않는다. 마찬가지로 대부분의 여성들은 아이를 폐차장에 데려가지 않는다. 뿐만 아니라 폐차장을 찾은 어떤 여성이 화장실을 이용하고 싶어져도 아마 참았다가 다른 곳에 있는 화장실을 이용할 것이다.

일차적으로 사람들은 이와 같은 선택을 한다. 당신은 사람들이 당신의 사업장을 그런 식으로 취급하길 원하는가? 왜 잠재적인 고객을 멀리 보내버리는가?

하지만 요즘은 많은 자동차 재생업자들이 사업장을 깨끗이 정돈하고 있어 더 이상 잠재적인 고객들을 내쫓지 않는다.

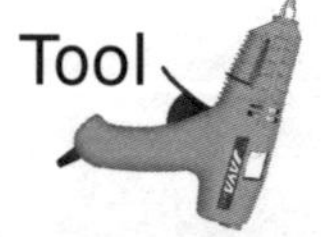

점검표를 준비하여 미스터리 쇼핑객에게 당신과 세 군데의 경쟁사들을 평가하게 하라. 그럼 당신이 다른 경쟁자들과 비교해 고객들에게 어떻게 비치는지 알 수 있다.

재생사업장뿐만이 아니다. 우리가 예로 들었던 꽃가게들을 생각해봐라. 당신 같으면 매력적이고 잘 정돈되어 있으며 예쁘게 꾸며진 정원식 가게에서 꽃을 사겠는가, 아니면 쓰레기가 널려 있고 지저분하고 쥐가 나올 것 같은 거리 상점에서 꽃을 사겠는가? 선택한 가게가 별 차이점이 없다 하더라도 보기에 나은 곳이 항상 대부분의 고객들을 붙잡는 것은 너무나 당연하다.

돈을 벌고 싶다면 한 걸음 뒤로 물러서서 다른 사람들이 당신을 어떻게 바라보는지 엄격하게 살펴라. 이것이 기본 원칙이다. 오랫동안 젖어 있던 습관을 바꾸는 것은 매우 힘든 일이다. 당신은 그와 같은 변화를 가져오는 데에는 요령이 필요 없다고 생각할지 모르지만, 사실 이런 생각은 별 문제가 되지 않는다. 사람을 고용하여 사업장이나 상점이나 사무실을 정리하라. 사람을 고용하여 점포를 꾸며라. 관리 서비스에 대해 일주일만 교육받으면 고객들이 당신의 사업장을 바라보는 눈을 완전히 바꿀 수 있고, 그 서비스에 지불한 비용은 한두 명의 고객이면 충분히 회수할 수 있다.

고객들은 깨끗하고 잘 정돈된 사업장을 유지하는 데에는 그렇게 많은 돈이 들지 않는다는 사실을 알고 있다. 그러므로 지저분한 장소를 그대로 두는 것이 비용 최소화를 통해 돈을 절약하는 한 방법이라고 정당화하지 마라. 당신이 돈이 있는 사람처럼 보일 때 돈을 벌 수 있다. 좋든 싫든 그것이 인간의 속

Action!

다음달에 적어도 두 곳의 사업장 항목 또는 영역들을 '청소' 하겠다는 목표를 세워라.

성이다. 잊지 마라. 회사의 보여지는 모습은 삶에 대한 소유주의 태도를 직접적으로 드러낸다. 당신은 누구를 끌어당기고 싶은가?

큰 이익을 향해 가는 경영은 언제나 손에 쥐고 있는 것에서 출발한다. 회사의 대외적인 모습을 더 낫게 보이도록 하기 위해 밖으로 나가 무언가를 살 필요는 없다. 먼지를 쓸고 창문을 닦는 일부터 시작하라. 당신에게 있는 것에서부터 시작하고 그것을 매일 향상시켜 나가라. 당신이 성공적이며 계속해서 사업을 할 것이라는 메시지를 내비쳐라. 사람들이 당신 뒤에서 '긍정적'인 것을 읽고, '긍정적'인 얘기를 해야 한다.

재래사업장도 깨끗하고 정돈된 모습으로 유지되어야 한다. 그것이 사업에 유익하다. 만일 당신이 품질보증서를 제공한다면 사업장의 겉모습은 그 보증서에 대한 신뢰도를 높일 수도 있고 떨어뜨릴 수도 있는데, 이유는 겉으로 보여지는 모습이 신뢰성에 영향을 미치기 때문이다.

사람들은 자신들이 보고 경험하는 일에 대해 얘기하거나 아니면 적어도 생각을 한다. 그것이 인간의 속성이다. 고객들이 당신의 사업장에 있으면서 보고 경험한 것에 대해 말하거나 생각할 때 그것이 과연 긍정적인지 부정적인지 자문해보라. 대다수의 사람들이 당신의 서비스에 만족하면서 사업장에 대해 기분 좋은 기억을 간직할 수 있도록 당신이 할 수 있는 일을 하라.

Tool

회사의 대외적인 모습은 당신 자신뿐 아니라 제품이나 서비스에 대해 느끼는 고객들의 신뢰감을 더할 수도, 뺏을 수도 있다.

Action!

마지막으로 창문 안팎을 닦은 때가 언제였는가? 오늘 당장 창문을 닦아라.

누구나 할 것 없이 사람은 자신의 경험에 대해 생각을 정리하기 마련이다. 당신의 고객들이 좋은 장소에 들렀다는 결론을 내리도록 도와라.

긍정적인 이미지는 판매를 위한 사전 준비다. 당신이 시설을 잘 정리하고 정성스럽게 꾸미면 지저분한 사업장을 가진 아랫동네 사람보다 더 많은 고객을 불러모을 것이다. 또 고객들은 당신의 제품에 대해 더 큰 신뢰를 보내고, 그 신뢰는 고객 충성도로 이어진다. 그들의 충성심은 차츰 다른 사람들에게 신뢰를 전달할 것이며, 그들 역시 고객이 될 것이다.

은행원이 보고 싶어하는 모습을 떠올리는 것도 괜찮다. 은행원은 잘 꾸며진 사업장에 더 쉽게 돈을 빌려줄 것이다. 고급스러움을 딱히 중요하게 생각하지 않더라도 한눈에 자부심과 청결함, 정돈 솜씨를 알아차리게 된다. 또한 은행원은 정돈된 모습을 보여주는 재래 사업자를 항상 존경한다. 그가 당신의 사업장에서 이런 모습을 본다면 당신의 프레젠테이션을 더욱 신뢰하게 된다. 직원들도 자신들의 주변 환경으로 인해 자부심을 느낄 수밖에 없다. 겉으로 보여지는 모습에 관심을 기울이면 고객, 은행원과의 관계에 도움이 될 뿐 아니라 궁극적으로는 지역 사회에서의 당신의 영향력과 고객 충성도를 확립하는 데에도 도움이 된다. 당신은 이런 것들을 통해 성공으로 가기 위한 궁극적인 이익을 얻게 된다.

페인트칠이 벗겨진 곳을 보수하고, 주차장의 잡초를 뽑고,

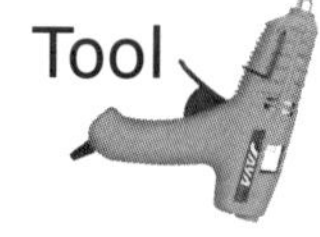

Tool

세련되고 잘 정돈된 사업장은 직원들에게 강한 자부심을 주고 대개는 업무 성과의 수준을 높인다.

창문을 닦고, 바닥을 깨끗하게 쓰는 일을 매일 하라. 판매 표지판도 자주 바꿔라. 손님 맞이 준비를 하면 손님이 알아서 찾아올 것이다.

마찬가지로, 당신의 직원들이 옷을 깨끗하게 차려 입고 밝은 미소로 고객들을 따뜻하게 맞이한다면, 그들은 몇 번이고 다시 올 것이고 당신에게 유리한 소문을 퍼뜨린다. 당신은 24시간 당신을 위해 일하는, 보이지 않는 광고 조직을 갖게 되는 것이다.

이렇게 되기 위해서는 부자여야 할까? 전혀 그렇지 않다. 당신은 엄청난 곤경에 직면해 있을 수도 있다. 얼마를 가지고 사업을 시작했느냐가 중요하지 않다. 당신과 직원들, 사업장이 모두 성공적인 이미지를 보여준다면 당신은 살아남을 뿐 아니라 얼마 지나지 않아 힘겨운 시기를 벗어날 수 있다.

당신의 사업이 전적으로 이미지에 의존할 수는 없지만, 이미지는 성공에 중요한 역할을 한다. 괄목할 만한 성공이 당신의 목표라면 이 모든 것들이 함께 움직여야 목표를 이룰 수 있다는 사실을 기억하라.

▌항상 고객을 맞이할 준비를 하라 ▌

자신의 일을 어떻게 생각하는지 보여주는 지표가 개인 위생이라는 사실을 알고 있는가? 이것은 정말이다!

당신의 차가 길에 서서 꼼짝도 못하고 있다고 가정해보자. 세비 트럭 한 대가 당신 앞에 멈춰섰는데, 차는 낡았고 앞 유리는 깨졌으며 간신히 굴러갈 정도로 털털거린다. 게다가 운전자는 수염이 덥수룩하고 머리카락이 어깨에까지 내려와 있다. 옷은 해지고 꼬질꼬질하다. 그가 몸을 앞으로 숙여 조수석 창을 내린다.

바로 그때, 또 다른 한 대의 차가 도로에서 빠져나와 선다. 그 차는 아담한 크기의 깨끗한 1985년식 뷰익이다. 말끔한 모습의 운전자는 얼굴에 미소를 띠고 있다. 옷차림은 세련되었다고 할 수 없지만 깨끗하다. 그들은 당신을 태우려고 경쟁이나 하듯 동시에 말을 건넨다. "태워드릴까요?"

당신이라면 어떤 차를 타겠는가? 외모가 판단에 영향을 미치지 않겠는가? 거의 모든 사람들이 망설임 없이 두 번째 운전자의 제안을 받아들일 것이다. 구체적인 이 사례가 바로 우리가 말하고자 하는 핵심이다. 길에서 낯선 사람들을 대할 때도 외모에 따라 반응을 달리한다면 당신과 직원들, 그리고 사업장은 왜 해당하지 않겠는가?

당신은 자신이나 직원들이 사업장에서 새로운 고객들을 돌려세우고 있는지, 아니면 불러모으고 있는지 진지하게 살펴야 한다. 당신과 직원들의 모습이든 고객에게 비치는 사업장의 모습이든 외모는 결과에서 많은 차이를 만든다.

❙ 갈고, 닦고, 조여라 ❙

많은 사업주들은 화장실을 청소하고 페인트칠만 하면 사업에 커다란 발전이 있으리라고 생각한다. 하지만 그것만으로는 충분하지 않다.

운전사가 배송을 나가기 전에 상품을 적재한 배송 트럭을 살펴보라. 그럼 운전석 바닥에 부품 몇 개가 여기저기 나뒹굴고, 계기판 위에는 서류가 올려져 있으며, 거울에는 잡동사니가 매달려 있고, 햇빛 가리개 뒤에는 메모들이 꽂힌 모습을 보게 될 것이다. 좌석 뒤에 뭐가 있는지는 굳이 말할 필요도 없다. 트럭 화물칸에는 기름이나 비슷한 종류의 액체가 조금씩 흐르고 있을 것이다. 생각해봐라. 트럭에 싣고 있는 물건은 판매하기 위한 부품들이고, 개당 500~600달러씩 한다. 하지만 대부분의 트럭에는 기중기식 문이 달려 있지 않아 온전한 서비스를 제공하지 못한다.

시어스(Sears)사의 배송 트럭을 한번 살펴보라. 이 존경할 만한 회사가 배송하는 세탁기와 건조기는 우리 제품보다 특별히 비싸지 않다. 하지만 시어스사의 트럭들은 대부분 깨끗하고 잘 관리되었으며 장비가 온전히 장착되어 있다. 어째서 우리는 500달러짜리 제품을 낡고 허름한 트럭으로 배송하면서 고객들이 우리의 서비스에 감사하리라고 기대하는가? 우리로서는 알 수가 없다. 이해하기 힘들다. 그것은 재생업계 전체의 일반적인 착각이고, 어쩌면 우리가 파손된 자동차에서 부품을 재생하기 때문인지도 모른다. 어차피 때가 묻는 일 아니냐고 말이다.

여기에서 또 하나의 중요한 사실은 자동차 재생업계의 많은 경영자들이 트럭을 깨끗하게 유지하고, 현대적인 장비를 사용하며, 온전한 서비스를 제공하면서도 장비가 부족하다는 이유로 고객에게 부피가 크거나 무거운 부품을 내릴 때 도와달라고 요청하는 일이 드물지 않다는 점이다. 절대 그래서는 안 된다. 시어스사라면 식기세척기를 내릴 때 고객에게 도와달라고 부탁할까? 아니, 부탁하지 않는다.

왜 우리는 배송 트럭을 깨끗하게 관리해야 할까? 이유는 간단하다. 요즘 고객은 예전보다 현명하다. 또한 거래를 선택하는 데 있어 그 선택의 폭이 넓어졌다. 많은 돈을 들여 광고를 하는 회사가 생겨났고, 사업상 경쟁을 함으로써 고객들이 선택할 수 있는 대안들도 많아졌다. 우리의 트럭 자체가 곧 판매 행위라는 사실을 잊어서는 안 된다. 고객들이 전화로 거래를 할 때는 먼지 하나 없이 깨끗하고 잘 정리되었으며 근사하게 페인트칠까지 된 사업장을 보지 못한다. 고객들에게 인정받고 충성을 얻으려면 화장실을 청소하고 페인트칠을 하는 것 이상이 필요하다. 사업에 커다란 발전을 가져온다는 것은 당신의 사업이 모든 경쟁자들 위에서 빛날 때까지 모든 측면들을 연구하고 연마한다는 뜻이다.

chapter 9

성공한 사장의 습관을 훔쳐라

| 성공한 사장, 실패한 사장 |

당신은 일을 덜하기 위해 핑곗거리를 찾는가? 당신은 자신이 버는 돈의 액수에 대해 불평을 한 적이 있는가?

존은 소규모 사업주다. 그가 더 많은 돈을 벌어야 한다고 불평하는 까닭은 자신의 수입으로는 청구서 금액을 전부 갚을 수 없기 때문이다. 하지만 그는 기분이 내킬 때마다 회사를 비우고 회사와 상관없는 일을 하러 간다. 그가 그렇게 피하는 이유는 만족감을 느끼지 못하고 짜증이 나며 스트레스를 받기 때문이다. 존은 직업 정신이 강하지 못하다. 또한 자신이 집으로 가져가는 돈의 액수가 자신의 업무 질과 직접적인 관계가 있다는 사실을 깨닫지 못하고 있다.

조에게는 큰돈을 벌어야 할 이유가 있지만, 처음에는 그가 가져가는 돈이 적을수록 사업이 더 잘된다는 점을 이해하지 못했다. 만일 그가 처음에 희생을 했다면 그의 사업은 훨씬 빨리 나아졌을 것이고, 사업이 가져다준 번영은 현재 필요한 사업 요소들보다 훨씬 많은 것들을 안겨줬을 것이다.

조에게는 초점이 없다. 그는 자신이 시작한 사업의 비전을 분명하게 세우지 않았으며, 사업 운영의 세부적인 사항들을 연구하는 데 필요한 시간을 들이지 않는다. 또한 자신의 발목을 잡는 습관들을 알아차리지 못했고, 자신을 앞으로 나아가게 해주는 습관들은 절대로 기르지 않는다. 그는 책을 많이 읽지도 않고, 다른 사람에게 조언을 구하지도 않으면서 왜 판매가 제대로 이루어지지 않는지 궁금해한다. 존은 한 마디로 서투른 경영자이자 형편없는 리더이다. 심지어 기준 미달의 직원들을 데려다가 어울리지도 않는 자리에 앉혀놓기도 한다. 존은 더 이상 필요한 도움을 얻을 수 없을 뿐만 아니라 자신이 집에 가져가야 한다고 생각하는 돈을 벌지도 못한다.

조는 시작 단계의 전형적인 사업가다. 웬만한 성공에는 희생과 비판적인 자기 분석이 필요하다는 사실을 아직도 이해하지 못한다. 조는 크게 성공하겠다고 결심할 만큼 오랫동안 사업을 할 수 있을까? 아마 그렇지 않을 것이다. 우리가 아는 한 그는 몇 킬로미터를 더 가야 한다. 조는 사업을 시작할 때 기대했던 멋진 귀환을 생각하기에 앞서 자기 자신을 먼저 재조직하고 재창조해야 한다.

마을 건너편에서 또 한 명의 사업가 빌이 똑같은 시작을 하고 있다. 빌은 자신이 벌어야 하는 만큼의 돈을 벌고 있지 않다. 하지만 그의 접근방식은 다르다. 그는 자신의 작은 회사에서 누구보다도 일찍 출근하고 늦게 퇴근한다. 그는 사업의 모든 측면을 살피고, 고객들과 대화를 나누면서 그들이 정말로 원하고 기대하는 것이 무엇인지 알려고 노력한다. 또한 힘닿는 데까지 변화를 모색하며, 업계의 세미나와 협회에 참가하여 경험 많고 성공한 동료들에게 어떻게 지금에 이르렀는지 물어본다. 그리고 운영 기준 수치를 정기적으로 관리하고 연구하면서 변화를 통해 사업이 발전할 것이라고 믿는다. 빌은 읽고 읽고 또 읽을 뿐 아니라 시간을 내어 회사에서 자기 자리를 직접 청소(현재는 다른 사람을 고용하여 그 일을 시킬 여유가 없기 때문이다)하고 아주 깔끔하게 보이도록 정돈한다.

얼마 후 빌은 자신의 수입이 늘어나고 있다는 사실을 눈치 챘다. 그의 매장은 1년 전에 비해 더 바빠 보이며, 고객들뿐 아니라 공급업자들과도 이름을 부를 정도로 가까워졌다. 그는 그들이 좋아하는 것과 싫어하는 것을 많이 알고 있고, 그들이 좋아하는 서비스를 하려고 최선을 다한다. 심지어 조를 포함한 경쟁자들의 매장을 찾아가서 어떤 모습으로 어떻게 돌아가고 있는지 살펴보기도 한다. 가끔은 그곳의 몇몇 고객들과 얘기를 나누고, 어떨 때는 그곳의 직원들이 자신을 어떻게 대우하는지 보기 위해 고객이 되어보기도 했다. 그럴 때마다 빌은 늘 새로운 아이디어들을 얻어 돌아왔고, 언제나 그 새로운 아이디어들을 실행에 옮겼다.

2년이 흘렀고, 조는 아직도 왜 자신의 수입이 청구서를 갚기에 충분하지 못한지 궁금해하고 있다. 반면에 빌은 상당한 판매 증가를 누리고 있고, 사무실 관리자를 채용했으며, 행복해하는 영업부와 두 명의 전업 해체 작업자들을 두었다. 그는 자유로운 시간이 늘었지만 조와 달리 여전히 바쁘게 움직이며, 지금까지도 그 누구보다 먼저 출근하고 대개 다른 사람들이 모두 집으로 가고 나서야 퇴근한다. 빌은 많은 시간을 사업 운영 방식을 분석하고 관계를 쌓는 데 투자한다. 그리고 가끔 은행원에게 점심을 사고, 공급업자들을 찾아가 그들의 서비스를 관리할 더 나은 방법이 있는지 살핀다.

조는 여전히 모호함의 경계를 달린다. 협회 행사에 절대 가지 않는 그를 아는 사람은 거의 없고, 그에 관해 들어본 사람만 있을 뿐이다. 조는 경쟁자들을 시기하는 듯하고, 업계 일에 대해 아무런 얘기도 나누지 않으며, 갈수록 줄어들고 있는 고객들에게 그의 경쟁자들에 대한 비방을 쏟아놓는다. 모든 경쟁자들이 나름대로 장애물을 가지고 있음에도 그는 좋지 않은 위치, 나쁜 날씨, 우수한 직원의 부재 등등 무한한 변명거리 가운데 어떤 것이 되었든 자신의 사업이 잘 안 되는 수많은 이유들을 댄다.

조와 빌의 차이는 무엇인가? 환경인가? 아니면 '운명'이라 할 만한 무언가가 실제로 있는가? 빌은 자신의 운명에 대해 책임을 졌고, 조는 그러지 않았다. 빌은 모든 기회를 통해 사업에 대해, 고객에 대해, 그리고 동료들과 공급업자들과 업계에 대해 배웠다. 반면 조는 언제나 불평을 먼저 했고 기회 있을 때마다 도망치려 했다. 빌은 튼튼한 직업 정신을 키웠지만, 조는 시대의 변화와 치열한 수익 경쟁 때문에 운이 나쁘다고 정당화하면서 나날이 흐트러지고 게을러졌다. 두 경영자 모두 똑같이 기술이 있었고, 비슷한 기회들을 만났으며, 자원이나 스승에게 똑같이 접근할 수 있었음에도 말이다.

▌기회를 잡아 전환점을 만들어라 ▐

거의 모든 미국인들이 어느 때가 되었든 우연하게 약간의 돈을 얻는다. 복권에 당첨될 수도 있고, 유산을 물려받을 수도 있으며, 자신에게 넘어온 오래된 약간의 주식을 현금으로 바꿀 수도 있다. 어쩌면 연말에 낸 세금에서 약간의 환급을 받을지도 모른다. 아니면 과거에 있었던 손실이나 상해 사건 때문에 보험금을 받을 수도 있다. 그렇다면 뜻하지 않은 돈이 들어왔을 때 사람들은 어떻게 할까?

대부분 오랫동안 원하고 꿈꿔온 것에 돈을 쓴다. 실제로 그 돈을 계약금으로 사용하여 빚을 지고는 매달 내야 하는 불입금에 옴짝달싹 못하는 사람들이 많다. 반면 횡재한 돈을 굴려서 불리는 사람은 별로 없다. 그래서 길든 짧든 시간이 지나면

자기 위치는 스스로 만든다. 어느 누구도 시장에서의 당신 위치에 대해 책임을 지지 않는다.

그 돈이 다 없어진다.

만일 어떤 형태로든 당신에게 돈이 들어온다면 사치스럽게 써버리지 마라. 당신이 하고 있는 일에 도움이 되거나 돈이 불어날 가능성이 확실한 곳에 투자하라. 그 돈을 이용하여 자신을 시장에 내놓아라. 즉 사업과 관련한 새로운 사람들을 만나라. 론과 DL은 그와 같은 기회가 일생에 몇 번 오지 않는다고 굳게 믿고 있다. 어떤 사람들은 돈이 들어온 기회를 현명하게 이용하는 반면 어떤 사람들은 그렇지 못하다. 론은 이런 기회들을 '금전적인 기로'라고 부르는데, 이와 같은 교차점을 만나면 반드시 잡아야 한다.

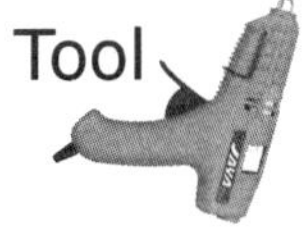

적은 금액이라도 뜻하지 않은 돈이 들어오거든 지혜롭게 사용하여 더 크게 키우려고 노력하라.

인생의 전환점이 되는 이런 기회들을 알아보는 사람들은 매우 드물다. 론은 고등학교를 갓 졸업했을 때 아버지가 돌아가시면서 그에게 남긴 오래된 폭스바겐 자동차를 갖게 되었다. 이를 계기로 그는 자동차를 취급하는 사업을 시작하여 작은 폭스바겐 수리점을 열었다. 하지만 곧 그 사업으로는 먹고살기 힘들다는 사실을 알았다. 그런데 론이 사업을 시작하고 2년 뒤인 1973년에 2000달러짜리 수표가 우편으로 날아왔다. 그것은 그의 아버지가 론의 대학 등록금으로 남겨두었던 4000달러의 잔액이었다. 론이 대학에 가지 않겠다고 결심했기 때문에 아버지의 유언 집행인이 남은 잔액을 그에게 보낸 것이다.

론은 자동차를 매매해야겠다고 결심하고, 그 돈으로 71년

형 중고 폭스바겐 버그를 사서 그 차를 2500달러에 되판 뒤 71년형 포드 핀토를 인수했다. 이 두 건의 거래를 통해 한 주 만에 자동차 수리를 할 때보다 더 많은 돈을 벌었다. 이를 계기로 론은 그런 거래를 더 해야 할 필요가 있다고 판단했다. 그래서 한 달 동안은 자동차 수리를 계속하면서, 은행을 통해 1만 달러의 자금 공급 계획을 세워 6개월 안에 정기적으로 자동차를 사고 팔 작정이었다.

이렇듯 2000달러짜리 수표 하나가 론의 인생을 완전히 바꿔버렸다. 그는 자신의 재정적 야망을 다시 조정했고, 비즈니스 생활의 새로운 영역으로 옮겨가고 있었다.

성공을 위해 스스로를 자리매김하라. 그것을 대신해줄 사람은 아무도 없다.

❘ 가슴속에 열정을 품어라 ❘

당신은 지금쯤이면 자신이 괄목할 만한 성공을 거두기를 가슴으로부터 진정으로 원하는지 알아야 한다. 당신은 필요한 희생을 치르기를 간절히 원하는가? 우리는 당신에게 필요한 일 몇 가지를 보여주었으며, 또한 당신에게 우리의 생각이 차이를 가져왔음을 보여주었다.

우리의 다음 질문에는 당신의 개인적인 대답이 필요하다.

"당신은 열정이 있는가?", 이것은 어려운 질문일지도 모른다. 오직 당신만이 그 답을 알고 있고, 그것은 정말이지 당신에게만 중요하다. 왜냐하면 사람들은 각각 열정의 수준이 다르고, 그것을 드러내는 방식도 다르기 때문이다. 하지만 당신은 열정을 가지고 있어야 한다. 당신은 오늘 무언가를 포기하고, 무언가를 참을 정도로 성공을 원해야 한다.

론은 항상 일터로 가야 할 이유를 찾기 위해 로켓을 탄 듯 침대에서 벌떡 일어나고 손까지 떨린다고 말한다. (하지만 그는 사람들마다 야심의 수준이 다르고, 모든 사람이 자신과 같지는 않다고 재빨리 지적한다.)

이 장의 도입 부분에 나오는 우리의 인물 시나리오에서 조와 빌의 차이는, 빌이 가족 관계를 희생하지 않아도 되었다는 점이다. 그는 입지를 더욱 튼튼히 하기 위해 스스로가 필요한 희생을 치렀다. 그에게는 조에게 없던 열정이 있었다. 스트레스가 커져도 빌은 꿋꿋이 자리를 지켰지만 조는 도망쳤다. 재정 상황이 불분명할 때 빌은 스스로 적응했지만 조는 변화를 회피했다.

당신은 이 전형적인 두 사업가 사이에 처음부터 차이가 있었다고 생각하는가? 그들은 거의 똑같은 모습으로 출발했다. 둘 다 운용할 자원은 많지 않았고, 아이디어만 있었다. 한 명은 열심히 일했고, 다른 한 명은 많은 불평을 했다. 하지만 한 명은 기회가 생길 때마다 스스로를 교육하고 계속해서 지식을 습득했고, 다른 한 명은 더욱 멀어지고 초점마저 잃었다.

이 두 인물 사이의 일차적인 차이는 첫눈에 보였다. 그것은 각자가 느끼는 열정의 차이였다. 빌은 희생을 치를 정도로 성공을 원했고, 사업의 입지를 더욱 튼튼히 하기 위해 일시적인 충족에서 오는 만족감을 뒤로 미루었다. 반면 조는 처음에 있었던 위치보다 더 멀리 나아가겠다는 욕망이 없었다. 그의 동기 부족은 아예 신경을 쓰지 않는 지점으로까지 나아갔다. 또한 다른 곳에는 비난의 화살을 쏘아대면서 정작 자기 자신에 대해서는 한 번도 비난의 목소리를 내지 않았다. 기본적으로 그는 자신이 의도했던 소유주나 사업가보다는 피고용자처럼 굴었다.

매우 성공적인 이력에 대한 강한 비전을 구체화하기 위해 힘이 닿는 모든 일을 하라. 이미 성공한 위치에 오른 사람들의 성품을 살펴보라. 그리고 그들을 흉내내고, 그들의 성품을 모방하라. 당신의 비전을 뚜렷이 함으로써 가슴속에 열정을 키워라. 3개년 · 5개년 · 10개년 계획을 세워라. 아마도 이런 일들이 무척 힘들어 보일 것이다. 어쩌면 멀리 내다볼수록 비전이 더욱 흐릿해지는 것을 발견할지도 모른다. 또한 당신은 정말 아직까지 자신이 어디로 가고 싶은지, 어떤 사람이 되고 싶은지 모르고 있을지도 모른다.

열정을 창출하라. 그 다음엔 스스로를 바쳐라.

Action!

3개년 · 5개년 · 10개년 계획을 서면으로 작성하여 정기적으로 검토하라.

▌성공한 사장의 장점을 훔쳐라 ▌

습관은 삶의 방식이다. 내일의 소득을 위해 처음부터 힘을 아끼는 결정은 평생 동안 당신과 함께 하는 습관이 된다. 그것이 우리 시나리오에 등장하는 빌과 조의 차이점 가운데 하나다. 둘 다 동일하게 출발했지만 한 사람은 하향 곡선을 그리며 실패한 반면, 다른 한 사람은 거의 모든 지점에서 이익을 얻었다. 그 차이는 각자가 자신의 직업 정신으로 일구어낸 습관의 형태에서 비롯되었다.

론은 사업을 시작할 때 그의 잠재력을 잘 알던 두 친구에게서 돈을 빌렸다. 한 사람은 그의 회계사였고, 다른 한 사람은 그의 변호사였다. 각자가 론에게 2만 달러를 빌려주면서 내건 조건은 6년 동안 매출 대비 2%의 수익과 기간 만료시 2만 달러의 최종 납입이었다. 그 당시 론의 총매출액은 월 3200달러 안팎이었다. 그래서 투자는 회수에 오랜 시간이 걸리는 명백한 모험이었다. 아마도 그들은 론이 정력 넘치는 사람임을 알고 있었던 듯하다. 여하튼 그들은 그에게 돈을 빌려주었다. 3년이 지날 무렵, 론은 두 사람에게 한 사람당 2만 달러에 대해 월 1500달러를 지불하고 있었다. 4년이 지날 무렵까지는 2%의 로열티에 대해 각각 65,000달러씩을 지불했고, 6년의 만료 시한 때 돌려줘야 할 2만 달러도 여전히 남아 있었다. 론은 투자자들을 찾아가서 "우리 공평하게 하자. 내가 2만 달러를 쓴

것은 4년도 더 되었고, 너희들은 생각했던 것보다 훨씬 더 많은 돈을 받았잖아. 이제 2만 달러를 돌려줄 테니 빚에서 벗어날 수 있게 해줘"라고 말했다. 두 사람 모두 그렇게 했다.

이 예는 열정과 희생을 모두 보여준다. 론은 위험이 큰 차입금을 받아들일 정도로 간절히 사업을 원했다. 또한 자신이 동의한 대로 돈을 갚기 위해 기꺼이 희생했다. 그는 우리가 놓치지 말아야 할 중요한 사실을 두 가지 더 보여줬는데, 그것은 바로 진실함과 창의적인 문제 해결 능력이다.

두 투자자들은 론에게 모험을 건 대가로 상당한 돈을 벌었다. 론은 그들에게 수익금을 지불했고, 스스로 이의를 제기하지 않았더라면 계속 그렇게 했을 것이다. 하지만 그는 문제 의식을 갖게 되었고, 그것으로 성공적인 사람의 또 다른 특징인 창의적인 사고를 하게 되었다.

그의 두 친구가 자신들의 '투자금'이 불어났다는 사실을 알았을 때 느꼈을 기쁨을 상상해보라. 이것은 성공하기 위해서는 무엇이 필요한지를 보여주는 하나의 예다. 사업을 하면서 직면하게 되는 모든 문제들을 겪는 동안 열정을 끊임없이 만들어내고 붙들어라.

┃더 나은 내일을 꿈꿔라┃

'오늘의 희생은 내일의 소득이다', 이는 우리가 수없이 들어온 진부한 표현이다. '당신은 더 나은 내일을 위해 오늘을 희생해야 한다', 이 표현은 당신의 현재 상황에 어떻게 적용될까?

당신은 지금 하는 일을 정말로 하고 싶어하는가? 그 일이 진짜 하고 싶은가? 그저 일자리를 원하는 것이라면 가서 일자리를 구하고, 이 책을 책꽂이에 도로 꽂아놓아라. 당신은 자신이 하는 일과 사랑을 해야 한다. 사랑하고 원한다는 이유 말고 다른 어떤 목적으로 그 일을 하고 있다면 사업을 잘 해나갈 수 없다. 진정으로 사랑하고 원해야만이 인내할 수 있다.

구체적인 예를 한번 들어보자. 론은 이동식 주택에서 사는 소박한 사람이다. 그는 아침에 일찍 일어나서 출근하고, 저녁이 되면 이동식 주택으로 되돌아온다. 어느 날, 그가 집에 돌아와 보니 놀랍게도 바로 옆의 이동식 주택에서 불이 나고 있었다. 그 불은 이미 걷잡을 수 없을 지경이었다. 그는 할 수 있는 한 빨리 정원의 호스를 연결하여 자신의 집 지붕에 물을 뿌리면서도 '곧 집을 잃겠구나' 라고 생각했다. 얼마 뒤 소방관들이 도착했고, 불타고 있는 이동식 주택의 불을 껐다. 론의 집은 무사했다. 그는 적지 않게 놀랐음에도 기운을 차려 집에 들어왔고, 자리에 앉아 우편물을 뜯어보았다. 첫 번째 편지는 국세청에서 날아온 감사 통지서였다. 그날은 정말 재수가 없었던 것일까? 세상에! 그는 집을 잃을 뻔한데다가 무시무시한 국세청과 맞서야 했다. 이런 상황에서 론은 과연 어떻게 하면 좋을까?

당신이라면 어떻게 하겠는가? 론은 늘 하던 대로 다음날 아침 일찍 일어나 출근했다. 그는 가장 먼저 출근하고 가장 늦게 퇴근하는 사람이다. 그는 불 속에서도 살아남았고, 감사도 견뎌냈다. 왜일까? 다름 아닌, 인내하는 태도를 길렀던 것이다.

이처럼 환경의 영향을 전혀 받지 않는 인내와 융통성을 보이는 태도가 삶의 방식이 되어야 한다. 물론 그 밑바탕에는 자신의 일에 대한 열정이 자리하고 있다. 열정이 있다면 포기하지 않을 것이다.

이길 수 없는 싸움은 하지 말고, 통제권 밖에 있는 일에 속 태우며 가슴을 쥐어 짜지도 마라. 통제할 수 있는 상황에 대비하여 에너지와 창의성을 아껴라.

통계 자료에 따르면, 사람은 나이가 많으면 많을수록 모험을 즐기지 않는다고 한다. 사실, 나이가 들수록 더욱 보수적으로 변하는 것이 인간 본능이다. 그래서 나이든 사업가들은 자신들이 현재 가지고 있는 것에 안주하기 십상이어서, 더 나은 내일을 향해 좀처럼 손을 뻗으려고 하지 않는다.

물론 이것이 보편적인 현상이긴 하지만, 어쩌면 당신은 예외일지도 모른다. 평균적인 현상에도 늘 예외가 존재하듯이 여기에도 분명히 예외가 있다. 이렇게 예외를 말하는 이유는 '오늘'에 대한 당신의 지각이 삶의 한 방식이 되었는지에 대해 스스로 되돌아보기를 바라기 때문이다. 당신은 지금 가지고 있는 것을 그저 받아들이고만 있는가, 아니면 더 나은 내일을 기대하는가?

일상의 단조로움에 안주한다면 당신의 열정은 사라지고 만다. 틀에 박힌 습관에 빠져 잠들어버린다면 당신의 창의성은 줄어들고 만다. 게다가 점점 더 모험을 하려 하지 않는다. 이런 당신에게 내일은 당신이 현재 가지고 있는 것보다 더 많은 것을 주지 않을지도 모른다.

이것을 피하는 유일한 방법, 괄목할 만한 성공에 도달하는 유일한 방법은 열정을 품고 자신의 모든 습관을 바꿔나가도록 노력하는 것이다. 일터에 도착할 때까지 손이 떨리게 만드는 그 무엇을 찾아 다시 불을 지펴라. 잠을 깨고 일어나 머리를 흔들고 거울을 들여다보라. 당신이 성취한 결과에 만족스러운가?

▎성공을 만드는 습관을 길러라 ▎

당신의 열정에 다시 불을 붙이는 한 가지 방법은 스스로를 심문하는 것이다. 즉 "나는 도망가기 위해 어떻게 하지?"라고 자문해볼 수 있다.

상황이 어려워지면 당신은 어떻게 하는가? 당신의 이동식 주택이 불에 타서 재가 되고, 국세청 사람들이 문을 두드릴 때 당신은 어떻게 하는가? 해마다 충분한 돈이 들어오면 당신은 어떻게 하는가? 큰 규모의 경쟁자가 이웃으로 이사오면 당신은 어떻게 하는가? 파산했을 때 당신은 어떻게 하는가? 청구서 요금이 수입보다 훨씬 더 많이 나왔을 때 당신은 어떻게 하는가? '더 나은 내일'이라는 생각이 어리석어 보일 때 당신은 어떻게 하는가?

당신은 자신이 실제로 하는 일을 통해 실마리를 얻어야 한다. 바깥에 나가 즐기거나 심각한 문제들을 피한다면 이미 자신의 상황을 받아들인 것이라고 볼 수 있다. 은퇴를 학수고대하면서 스스로에게 "그래, 나는 할 만큼 했어"라고 말한다면 정말 할 만큼 했을지도 모른다. 만일 도박을 하러간다면 더 나은 날을 찾는다는 평계로 잘못된 방향으로 걸어가고 있는 꼴이 된다.

성공은 누구에게나 운 때문에 오지 않는다. 유희나 다른 형태의 도피처로 빠져든다고 해서 찾을 수 있는 것도 아니다. 당신이 도피를 위해 행하는 일들을 정리해보면 사업가로서 길러온 습관들에 대한 단서를 얻을 수 있다. 그렇다고 균형의 중요성을 무시하지는 마라. 편안한 가정과 여가 활동은 건강한 정신과 긍정적인 사업 태도를 위해 중요하다. 선택은 당신 손에 달려 있다.

만일 성공을 원한다면 성공을 만드는 습관을 기르기 위해 노력해야 한다. 우선, 제일 먼저 출근하고 가장 늦게 퇴근하

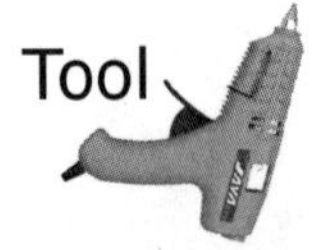

야심이 있다면 일찍 출근해서 늦게 퇴근하는 습관을 들여라. 상황이 어려워질 때는 그 한가운데에 머물러라.

라. 무언가를 성취하고 싶다면 이용할 수 있는 모든 자투리 시간을 활용하라. 자신의 활동을 자세하게 분석하라. 경쟁자들을 지켜보라. 그들의 성공적인 자질들을 흉내내고 사업의 질을 떨어뜨리는 습관들은 버려라.

어느 누구도, 심지어 이 책마저도 당신을 대신해 이 일을 해줄 수 없다. 우리는 일시적인 관념 이상의 것을 당신에게 심어줄 수 없다. 인내하는 태도가 없으면서 더 나은 내일을 꿈꾼다고 말한다면 당신은 아마 실패할 것이다. 인내하는 태도는 당신의 가슴속에서 나오며, 스트레스를 먹고 자란다. 즉 어려운 시기를 통해 자라는 인내하는 태도는 당신의 간절한 바람에서 찾을 수 있다. 당신은 정말로 그것을 원하는가?

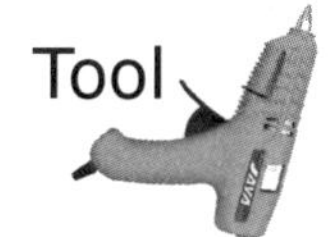

당신은 성공적인 사람들의 습관을 연구함으로써 자신의 습관을 개선할 수 있는 방법들을 알게 될 것이다.

▌시간을 당신의 친구로 만들어라 ▐

론은 아주 작은 자투리 시간도 매우 잘 활용하는 것으로 업계에서 유명하다. 그는 화장실에서 볼일을 보면서도 휴대전화로 통화를 한다고 한다. 우습게 들릴지 모르지만, 이것은 사실 성공한 사람들의 중요한 특징을 잘 보여주는 예다. 시간을 효율적으로 사용하고 있다는 사실 말이다.

론은 또 특별한 위임 능력으로 유명하다. 주변 사람들이 그를 일중독자라고 불러도 그는 별로 개의치 않는다. 그는 누구보다도 일찍 출근하고 늦게 퇴근하는데, 걱정이 있어서가 아니라 더 큰 무언가를 찾고 더 큰 무언가를 원하기 때문이다.

그렇다고 론이 일중독자 되기를 원하는 것은 아니다. 단지 당신의 열정 찾기를 지지할 뿐이며, 열정에서 어려움을 뚫고 나가는 능력과 지구력이 나온다고 말하고 싶을 뿐이다. 론이 시간을 효율적으로 사용해온 이유는 성취의 현실이 보여주듯 시간이 너무 짧기 때문이다. 짧은 시간 안에 모든 일을 혼자서 다할 수는 없다. 다른 사람들에게 위임해야 한다. 그의 만족은 많은 것을 성취하는 데서 찾을 수 있다.

하루에 적어도 한 시간씩 생산성을 높일 수 있는 방법에는 어떤 것들이 있을까? PDA를 이용하여 메모를 정리하고, 목표를 좀더 효과적으로 좇아라! 자동응답기를 켜지 마라! 연락이 어려운 사람들과 의사를 교환할 때는 팩스(혹은 이메일)를 이용하고, 가능하면 휴대전화를 적극적으로 활용하라. 예를 들어, 전화 통화를 해야 할 사람들의 목록을 갖고 다니면서 — PDA에 담아두면 더 좋다 — 병원에서 진료를 기다릴 때 전화를 걸어라. 컴퓨터를 재부팅할 때도 무언가 다른 일을 하라. 주어진 하루 동안 얼마나 많은 자투리 시간을 이용할 수 있는지를 알면 매우 놀랄 것이다. 그것들을 모두 모아보면 매우 많은 시간이 된다.

매니저나 공급업자 또는 다른 중요한 사람들과 하는 회의를 아침 일찍 열 수도 있다. 경영 측면에서는 시간뿐 아니라 돈까

Tool

자투리 시간에 얼마나 많은 일을 할 수 있는지를 깨닫는다면 시간을 효율적으로 사용하는 방법들을 더 많이 찾을 수 있다.

Action!

자투리 시간을 보호할 지속적인 방법들을 목록으로 만들고, 그 시간에 무엇을 할 것인지 기록하라.

지 절약하는 효과가 생긴다. 만일 회의를 하러간다거나 출퇴근을 하는 등 이동하느라 차 안에 있을 경우에는 휴대전화로 두세 가지의 일을 처리할 수 있다. 당신이 차 안에서 활용한 20분은 사무실에서 따로 들여야 하는 시간이 아니기 때문에 그만큼 시간 절약의 효과가 있다.

'효율적인 시간 사용' 이란 시간을 잘 활용하여 성공을 향해 더욱 전진해나가는 것이다. 당신이 올바르게 사용한다면 시간은 당신의 친구가 된다. 그렇지 않으면 시간은 당신의 적이 되고 말 것이다.

인정할 것은 인정하고 극복할 것은 극복하라

4대째 경영자인 DL은 론과 매우 다른 환경에 직면해 있다. 론은 자기 스스로 동기를 부여하고 멘토들을 찾아야 했던 반면, DL은 자기 앞에 존재하는 강력한 멘토들이 자신만의 동기를 가지라고 요구했다.

"아버지를 돕기 위해 일하러 간다"라는 동기는 DL에게 충분하지 않았으며, 이는 처음부터 그가 맞섰던 생각이다. 즉 처음부터 그는 할아버지와 아버지를 위해 일한다는 생각이 그리 만족스럽지 못했다. 그는 더 많은 것을 원했으며, 시간이 흐를수록 할아버지와 아버지가 떠난 자리에서 더 많은 것을 이룰 수 있다는 사실을 깨달았다.

DL이 가진 열정의 뿌리인 '동기'는 회사 내의 위치와 상관없이 스스로를 증명해보이려는 욕망에 있었다. 일단 그가 자신의 목적을 위해 그 자리에 있다고 대답한 이상, 가족과 자신에게뿐 아니라 직원들에게도 큰 성공을 위한 특권을 '따낼' 수 있는 능력을 증명해보여야 했다. DL은 스스로 자신이 남보다 뛰어나고자 하는 동기를 찾아냈다. 아무도 그에게 그렇게 하라고 강요하지 않았으며, 또한 주입하지도 않았다. 성공하고자 하는 그의 열정은 성취하려는 욕망에서 비롯된 것이다.

성공을 거두려는 욕망은 상당히 다른 환경 속에서도 생겨날 수 있다. 어느 누구도 똑같은 배경에서 사업을 시작하지는 않는다. 사람들에게는 남과 다른 유리한 장점들이 있다. 출발할 때 우리의 환경은 상당히 다를 수 있으며, 자신의 환경 속에서 어떤 성과를 올리느냐는 순전히 그 사람의 열정에 따라 달라진다.

따라서 "내게 열정이 있는가?"라는 질문을 던져보는 것이 중요하다. 이는 우리 모두에게 해당하는 질문이며, 대답은 당신이 하는 일에서 찾을 수 있다. 당신의 습관이 반영된 행동들 속에서 답이 보이는 것이다. 잘못된 습관이 길러진다면 발전과 전혀 다른 방향으로 길은 열린다. 또한 당신의 습관이 나쁘게 길러진다면 아마도 당신은 진정한 성공과 정반대 길로 걸어가게 될 것이다.

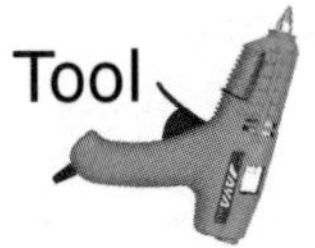

Tool

단점들을 하나하나 기록함으로써 자기 향상을 위해 무엇을 할지 고심해보라. 그럼 개선해야 할 뭔가가 보일 것이다.

당신은 습관을 바르게 길들일 능력이 있는가? 당신은 습관을 바꿀 수 있는가? 물론이다! 정말로 할 수 있다! 당신이 무엇을 바꿀 수 있는지 따져보고, 변화들을 이루어내라. 만일 일에 더 많은 시간을 투자해야 한다면 그렇게 하라. 휴식을 취하며 창의성을 발휘하기 위해 더 많은 시간이 필요하다면 그렇게 하라. 사람은 저마다 다르다. 오직 당신 자신만이 스스로에게 맞는 선택을 할 수 있다.

약간의 돈이 들어오는 처음 몇 년간은 적어도 그 돈을 당신의 사업에 투자하라. 그 돈을 더 많은, 더 나은 설비에 투입하라. 휴양지가 있는 섬으로 빠져나가지 마라. 새 골프채 세트 따위를 사들이지 마라. 당신의 목표에 도달하지 못했다면 평범한 수확에 안주하지 마라. 자그마한 보상은 괜찮지만, 더 나은 내일을 위해 오늘을 희생하는 법을 배워라. 이것들은 모두 당신이 통제할 수 있는 습관이다. 환경이 어떠하건 당신은 그런 습관을 기를 수 있다.

DL은 아직 소년이던 11살부터 18살까지 아버지의 가게에서 주말마다 파트타임으로 일했다. 그 일은 평범하지는 않았지만 매우 단순한 것들로, 엎질러진 기름을 닦고, 바닥을 쓸고, 볼트 너트 서랍을 정리하고, 받침대를 쌓는 일 등이었다. 하지만 그는 이 일을 억지로 하지 않았다. 아버지의 가게 일을 도우면서 돈을 벌 수 있었기 때문이다. 또한 DL은 그 시간 동안 자신이 다른 곳에서 일하면 더 잘할 수 있으리라는 자신이 생기면 언제든지 그렇게 할 수 있다는 생각을 했다.

이런 자유와 자신감을 바탕으로 DL은 십대 후반에 주말과 저녁 시간마다 교회에서 건물 관리 일을 했다. 어떤 때는 관리 일을 하면서 금요일 밤에 피자를 배달하기도 했다. 그는 학교 수업을 빠짐없이 받는 고등학생치고는 꽤 많은 돈을 벌고 있었다.

DL은 대학 2학년 때까지 여름방학이 되면 집으로 돌아와 피츠사에서 아버지 일을 도왔다. 오늘날까지도 인정하듯이, 그는 자신이 밑바닥에 있다는 사실 때문에 좌절하곤 했다. 그는 늘 스스로 자신만의 일을 할 수 있다고 생각했다. 어느 날 그와 대화를 나누던 아버지는 그에게 학교에 꼭 다닐 필요는 없으며, 무슨 일이든 자유롭게 선택하라고 말했다. 하지만 피츠사 경영은 교육을 받지 않으면 어려울 수밖에 없었다. DL은 언제든지 일자리를 얻을 수 있었지만, 경영은 자격이 될 때까지 그야말로 먼 나라 이야기였다. 즉 그의 아버지는 그에게 학위가 없으면 경영을 맡길 수 없다고 주장했다.

이것은 자존심이 매우 강한 젊은 DL을 상당히 괴롭혔다. 회사에 학위가 없는 경영자들도 있다는 사실을 잘 알고 있던 그로서는 왜 아버지가 유독 자신에게만 완고하게 학위를 요구하는지 이해할 수 없었으며, 받아들이기 어려웠다.

그래서 DL은 대학 3학년 여름방학 때 집으로 돌아와 아파트를 구한 뒤 자신의 일을 하기로 결심했다. 그는 두 개의 일

자리를 구했다. 하나는 밤 1시부터 5시까지 짐을 분류하는 UPS사 야간 근무였고, 다른 하나는 레드 로빈 식당 체인점 일이었는데 처음에는 웨이터 보조로, 나중에는 웨이터로 일했다. 비록 일이 힘들어 공부 시간을 줄여야 했지만 DL은 학교를 계속해서 다녔고, 5년 후에는 졸업을 했다.

졸업식 날 아버지는 그에게 "이제 공부를 마쳤으니 너에게 자리를 하나 제안하고 싶구나. 네가 우리 회사에 들어오고 싶다면 수습 구매원으로 들어올 수 있단다. 너는 어떤 일에 끝까지 충실할 수 있다는 걸 증명해보였어. 내 생각에 너는 경영할 능력이 있고, 우리는 너를 이사회에 데려오고 싶단다"라고 말했다.

Tool

당신 앞에 나타난 도전과 장애물에 개의치 말고 계획을 고수하라. 인내하면 끝까지 완수할 수 있다.

지금도 DL은 아버지가 그에게 그 기회를 받아들이도록 강요하지 않은 것에 진심으로 감사한다. 또한 그 기회가 은쟁반에 담겨서 넘어오지 않은 것에 대해서도 감사한다.

"아버지는 나로 하여금 스스로를 믿어야 하고, 든든한 직업정신의 습관과 성공에 대한 갈망을 키워야 한다는 사실을 깨닫게 해주셨습니다. 우리에게 그것들을 거져 건네줄 수 있는 사람은 아무도 없으니까요."

훈련은 효과가 있었다. 3년 뒤 DL은 석사 학위를 취득하기 위해 저녁 시간에 학교에 다녀도 되는지를 물었다. 아버지는 흔쾌히 동의했으며, 그 덕에 그는 일주일에 60시간에서 70시간씩 일을 하는 와중에도 공부를 해야 했다. 대학원 과정에 들어가고 1년 뒤 DL은 피츠 주식회사의 본부장직에 올랐다.

DL의 추진력은, 괄목할 만한 성공에 이르기 위해서는 무엇이 필요한지 실제적인 경험을 제공했으며, 그것이 결코 쉽거나 빨리 이루어지지 않는 일이라는 사실을 가르쳐주었다.

DL의 예에서 우리는 더 높은 학력을 요구하는 지혜가 그의 아버지에게서 그에게로 전수되었다는 사실을 알 수 있다. 그러나 학력보다 더 중요한 것은 그의 '끈기'에서 나온 인내하는 자세와 자신감이다. DL은 석사 과정을 다니겠다고 스스로 결정하고 학위를 취득하는 과정에서 인내와 자신감을 보여줬다. 즉, 그 사이 자신의 가정을 꾸렸을 뿐 아니라 많은 의무와 책임이 따르는 본부장직을 수행하면서도 석사 학위를 따낸 것이다. 이렇듯 강한 직업 정신은 도전 속에서 태어나며, 성공은 그 도전에 맞서는 사람들에게만 찾아온다.

강한 직업 정신은, 도전에 정면으로 맞서고 장애물의 방해를 허용하지 않으려는 사람들의 공통된 특징이다.

▎머리부터 발끝까지 열정으로 채워라 ▎

당신의 습관을 자세히 살펴보라. 도피하기 위해 어디로 가는지, 격렬하거나 힘겹거나 스트레스가 많은 상황에서 빠져나오기 위해 어떻게 하는지 스스로 비판하라. 당신의 성품이라는 쇠가 단단해지는 것은 바로 그런 힘겨운 시기의 한가운데에서다. 한창 힘겨운 때 자리를 지키고 스스로를 철저히 분석하는 사람이야말로 성공으로 가는 길을 발견할 가능성이 가장 높다!

당신이라면 어떻게 '열정'을 정의하고 그것을 사업에서의 '인내하는 자세'와 비교하겠는가? 당신이 오직 돈 때문에 일을 하고 있다면 잘못된 명분을 가지고 있는 것이다. 돈은 흘러다닐 수 있고 일의 결과로 따라와야 한다. 따라서 당신의 동기는 돈이 아닌 다른 것이 되어야 하며, 열정이 없어서도 안 된다. 물론 의견이 다른 사람이 있을 수도 있다. 여기에서 우리는 당신에게 우리의 경험을 들려줄 뿐 이에 대한 판단은 당신의 몫이다. 돈은 그 자체로 일에 대한 열정적인 헌신을 불러일으키지는 않으며, 또한 인내하는 태도를 키우는 데 필요한 끈기를 불어넣어 주지도 않는다. 여기에서 말하는 열정은 '지금 하고 있는 일을 통해 어떤 내적인 만족을 얻기 때문에 그 일이 하고 싶다'는 의미에서의 열정이다.

이 책 앞부분에서 우리는 늘 돈 때문에 일을 한다는 인상을 주었을지도 모른다. 분명히 말하지만, 돈은 성공을 설명하는 데 커다란 역할을 하지만 돈을 벌어야만 반드시 성공했다고 말할 수는 없다. 성공은 자기 만족에 관한 것이다.

만일 성공이 돈에 관한 것일 뿐이라면 돈이 부족할 때(누구나 어느 순간에는 어쩔 수 없이 그러한 때가 있듯이) 당신은 추진력을 잃고 만다. 만일 당신이 지금 하는 일을 통해 만족을 얻는다면 당신이 설정해놓은 성공에 이르는 데 반드시 필요하다

일에 대한 열정은 성취의 뿌리다. 지금 현재의 모습을 넘어서려면 반드시 일에 대한 열정이 필요하다.

고 강조한 인내하는 태도를 갖게 될 것이다.

열정적인 사업가들이 매우 열심히 일해서 사업을 키우고 동료들로한테 긍정적인 평가를 받으면서도 우리가 말하는 성공을 거두지 못하는 이유는 성공에 필요한 계획 수립과 평가, 그리고 조정을 하지 않기 때문이다. DL과 론의 실례는 당신에게 실질적인 열정, 단호함, 희생 의지를 불어넣지는 못하지만 성공을 거두기 위한 당신의 가능성을 높이기 위해 몇 가지 상식적인 해결책은 제시할 수 있다.

누구나 장벽에 부딪히게 마련이다. 누구나 깜짝 놀랄 일을 만나게 마련이다. 누구에게나 어려움이 있기 마련이다. 소유주의 위치에 있는 사람은 누구나 한 번쯤 적은 수입으로 살게 마련이다. 이러한 난관을 극복하려면 인내하는 태도를 가지는 것이 중요하다.

자꾸 도망치려 하는 사람들은 결국 도피가 자신이 택하는 길임을 알게 된다. 반면 인내하는 태도를 기르는 사람들은 결국 어려움을 극복한 다음엔 보상이 있음을 알게 된다.

그렇다면 우리가 말하고 있는 '어떤 만족'을 낳는 것은 무엇일까? 그것은 꿈을 향해 나아가는 길에서 당신 스스로의 선택들을 통해 키운 열정이며, 당신이 꿈을 이룰 수 있다는 사실을 자기 자신이나 다른 사람들에게 보여주고자 하는 바람에서 나온다. 또한 당신이 경쟁자들보다 경기에 더 뛰어나다는 증거이기도 하며, 당신이 배턴을 이어받아 더 멀리 달려갈 수 있다는

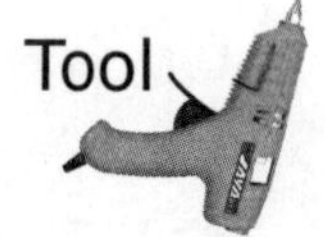

Tool

인내하는 태도는, 좋을 때든 나쁠 때든 늘 자리를 지키고, 개선의 방법을 찾으려는 당신의 선택에 의해 자라난다.

사실을 부모님에게 보여주는 데서 찾을 수 있다. 부모님은 지금까지 경주를 훌륭히 뛰었고 당신은 그들에게서 배웠기 때문이다.

인내하는 태도는 일에 대한 사랑과 희생 의지와 직원들이나 모든 경쟁자들보다 더 열심히 일하려는 의지의 결합에서 비롯된다.

론의 경쟁자 가운데 한 명인 월터 윌리엄스는 언젠가 "론, 자네가 성공한 이유는 계속해서 총을 쏘기 때문일세. 다른 사람들은 모두 총을 쏜 뒤 내려놓고 한두 달 동안 자리를 비우지"라고 말했다. 이는 론은 경쟁자들을 앞설 때까지 계속해서 일했고, 성과를 이룬 뒤에도 또 다른 목표를 향해 계속해서 일했다는 사실을 강조한 말이다. 이처럼 DL과 마찬가지로, 론 역시 인내하는 태도는 성취에 상한선이 없음을 보여준다는 사실을 몸소 실천해보였다는 점에 주목하라.

자기 일을 사랑한다는 말은 일에 대한 열정이 있다는 뜻이다. '희생 의지' 란 사업이 어려운 시기를 무사히 통과할 수 있도록 대가를 기꺼이 포기한다는 뜻이다. 또한 '다른 사람들보다 열심히 일하려는 의지' 란 당신의 만족은 자신이 선택한 길을 계속해서 가는 데서 찾을 수 있으므로, 기꺼이 자리를 지키며 일하겠다는 뜻이다.

chapter 10

성공한 사장의 리더십

| 사장답게 생각하고 행동하라 |

고객은 당신에 대해, 당신의 사업에 대해 어떻게 생각하는가? 시장의 인식이란 무엇이고, 그것이 당신과 당신의 사업에 얼마나 중요한지 좀더 깊이 살펴보자.

공급업자들은 당신을 어떻게 인식하는가? 당신과 하는 거래에 만족하는가? 당신을 공정하다고 생각하는가? 직원들은 어떤가? 당신 밑에서 일하는 것을 좋아하는가? 당신을 변호해주는가? 당신과 함께 일하는 것을 자랑스럽게 여기는가?

이것들은 당신의 사업에 영향을 미치는 외부 인식의 세 가지 중요한 측면들이다. 이 영역들 중에 한 가지만 실패하더라도 괄목할 만한 성공에는 도달하지 못한다. 이 세 가지에서 모두 뛰어나다면 순조롭게 길을 가고 있는 셈이다.

어떻게 하면 다른 사람들의 눈에 탁월한 모습으로 비칠 수 있을까? 우선 그들이 무엇을 보는지, 그리고 왜 보는지 이해해야 한다. 당신이 그들의 입장에 서서 자신과 사업을 정직하고 객관적으로 살펴볼 수 있다면, 긍정적이고 효과적인 변화를 가져올 수 있고, 그 변화는 결국 당신에게 커다란 이익을 가져다줄 것이다.

괄목할 만한 성공을 찾아볼 수 없었던 업계에서 론과 DL이 각자의 회사를 판 뒤 누렸던 엄청난 성공을 생각해봐라. 왜 그들이 회사를 팔라는 제의를 제일 먼저 받았다고 생각하는가?

그들의 회사를 산 기업은 무언가를 찾고 있었다. 그 기업의 중역들은 분명 이들의 회사에서 무언가 진정한 가치를 본 것이다. 그들이 본 것은 무엇이었을까? 왜 이 두 회사가 돋보였을까?

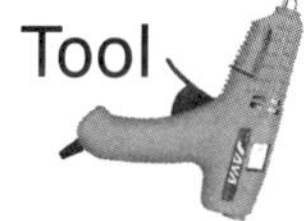

긍정적인 이미지 창출은 긍정적인 미래에 대한 준비다. 당신의 긍정적인 이미지는 당신 자신이 만드는 것이다.

그 큰 회사가 론과 DL의 작은 회사에 접근하여 협상과 인수를 한 까닭은, 그 회사가 자신들이 원하는 시장을 이끌어가는 회사이자 틈새를 쥐고 있는 회사로 보였기 때문이다.

그들은 업계의 리더들로서, 새로운 기준을 세워 개척 정신을 드러내 보여줬다. 그들은 '개척자들' 로 언급되고 인식된다. 바로 이점이 한 가지 특징이다. 개척자들이 하는 일은 무엇인가? 그들은 다른 사람들이 따라오도록 모범을 보인다. 또한 혁신을 통해 새롭고 더 나은 방법들을 만들어서 일을 성취해낸다.

리더인 이 두 사람, 론과 DL도 동료들 사이에서 상당한 존경을 받았다. 이 존경심은 성공을 이룬 사람들이 누리는 영향력이다.

그들은 성공을 거두기 위해 또 어떤 특징을 보였을까? 분명하지는 않지만, 두 사람 모두 '정직한 거래'에 대한 인식이라고 생각하고 있다. 그들과 거래하는 사람들은 모두 그들이 공정하게 거래한다고 생각한다. 리더십은, 적어도 부분적으로는 행동의 이력을 통해 쌓인다.

| 문제가 있다면 해결책을 찾아라 |

당신이 무슨 일을 하든, 무슨 말을 하든 상관없이 때때로 불만에 찬 고객이나 공급업자 또는 직원을 만나게 될 것이다. 어쩌면 이러저러한 이유로 질투를 하거나 화가 나 있는 동료를 대면할 수도 있다. 이런 일들 가운데는 당신이 신경 쓸 수 없는 부분도 있다.

때로는 그런 사람과의 완전한 결별이 필요하다. 그것은 직원을 해고하거나, 특정 고객과 더 이상 거래하지 않거나, 새로운 공급업자를 찾는 것을 뜻한다. 동료의 경우라면 그와 거리를 두어야 할 것이다.

각 시나리오를 따로 살펴보자. 조의 한 직원은 회사가 제공하는 근로 조건에 대해 끊임없이 불평하고 투덜거린다. 뿐만 아니라 그는 그 상황에 대해 아무것도 모르는 고객들에게조차

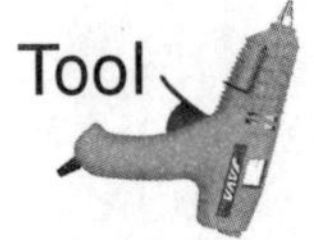

경영에 파고든 부정성은 동기를 갉아먹고, 태도를 망가뜨린다. 그것을 고칠 수 없다면 제거해야 한다.

회사를 욕한다. 조는 그 직원을 만나 문제를 이해하고 고치려고 꽤 노력했지만 그는 여전히 거의 모든 상황에서, 그리고 고객들 앞에서 계속해서 부정적으로 행동했다. 이런 부류의 사람은 회사에 전혀 도움이 되지 않으므로 최선의 방법은 그를 해고하는 것이다.

지금 계산대 앞에 조의 서비스나 제품에 대해 항상 불평을 해대는 어떤 고객이 있다. 조가 그것을 고치려고 아무리 노력해도 그 고객은 절대 만족하지 않는다. 조는 이 고객을 만족시키기 위해 계속 노력해야 할까? 아니다. 상당한 노력을 기울였다면 최선의 선택은 그 고객에게 서비스나 제품을 제공하지 말고 다른 곳에 가는 편이 더 낫다고 제안하는 것이다.

이제 얘기를 바꿔서, 조에게는 다른 공급업자들과 달리 끊임없이 잘못된 부품을 보내는 공급업자가 있다. 이 공급업자는 조와 거래를 할 때마다 터무니없이 군다. 조의 직원들을 쓰레기 취급하고, 언제나 조에게 그 비난의 화살을 돌려보낸다. 이런 상황에서 조는 참고 계속해서 이 공급업자와 거래를 해야 할까? 아니다. 다시 말하지만 그와 같은 부정성은 발전하고 성장해가는 회사에 아무런 기여를 하지 않는다.

부정성을 품지 마라. 그것을 수용하지 마라. 후원하지도 말고 내버려두지도 마라. 부정성은 당신의 생각과 이미지를 갉아먹는다. 부정성과 직면할 때, 그것이 당신에게 접근할 때는 외교적인 방식으로 해결하려고 노력하라. 순간적인 부정성은

Tool

부정성을 품지 마라. 일터에서의 부정성은 성공에 도달할 수 있는 가능성을 빼앗아버린다.

참을 수도 있고 예상도 가능하다. 누구나 가끔씩 운수 사나운 날이 있게 마련이다. 하지만 어느 한곳에서 끊임없이 부정성이 흘러나온다면, 그 관계를 해소하고 더 나은 관계로 옮겨가라는 신호로 받아들여라.

부정성을 일으키는 갈등이 성격적인 충돌 때문이라면 갈등 요소를 없애기 전에 당신과 그 사람 사이에 다른 사람을 끼워넣는 것을 고려해봐라. 그 직원을 다른 상사 밑으로 보냄으로써 좋은 직원을 건질 수도 있다. 부정적으로 보이는 고객일지라도 그에게 다른 영업사원을 붙여줌으로써 좋은 고객을 건질 수도 있다. 관행에서 벗어나 다른 직원에게 공급자를 맡김으로써 그 관계를 계속 유지해나갈 수도 있다.

몇몇 경우에는 아마도 협회 이사나 협회장 같은 중재자가 그 상황을 완화시키는 데 도움이 될 수도 있다.

알겠는가? 어려운 상황을 해결하는 방법에는 여러 가지가 있다. 먼저 해결책을 찾아라. 만일 부정성이 비이성적으로 계속된다면 문제를 해결해야 할 때가 된 것이다. 그 같은 갈등에서 벗어나라. 갈등이 계속 되도록 내버려두지 마라. 당신의 동기나 이미지에 상처만 될 뿐이다.

| 프로가 되고 리더가 되라 |

여러분 가운데 얼마나 많은 사람들이 매일매일 쉬는 경쟁자를 두고 있는가? 그는 특권을 가진 셈이다. 맞는가? 아마 그럴 것이다. 하지만 그것이 그 경쟁자와 직원들과의 관계에는 어떻게 작용할까?

우리가 믿기로는 생산적인 직원들은 소유주가 튼튼한 직업 정신을 갖고 있기를 기대한다. 괄목할 만한 성공은 도피나 지연, 또는 총체적인 위임에서 나오지 않는다. 놀기 위해 나가버리는 것, 특히 언제나 자리를 비우는 것은 당신의 회사에 아무런 도움이 되지 않는다. 그것은 직원들의 동기를 갉아먹기도 한다. 리더 없이 일하는 직원들은 나쁜 습관과 방만한 태도에 쉽게 빠져든다. 물론 자신의 노력을 평가하는 리더가 주위에 없어도 뛰어난 성과를 내는 직원은 예외적이다. 그런 유형의 직원은 대개 자신의 사업을 하기 마련이다. 그들은 추종자들이 아니라 리더들이다. 추종자는 리더를 따라가야 하는데, 리더가 없으면 추종자는 어떻게 할까?

당신이 앞장서라. 당신이 모범이다. 직원들이 출근할 때 우리 차들은 이미 주차장에 있다. 직원들이 퇴근할 때도 우리 차들은 주차장에 있다(대부분). 우리가 앞장선다. 우리가 모범이다. 직원들은 열심히 일하는 사장을 존경한다. 솔선수범을 보여라.

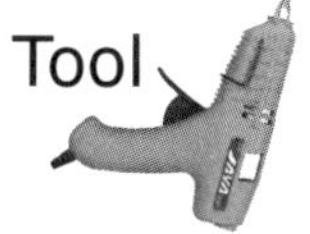

Tool

당신의 직업 정신은 어떤가? 회사를 발전시키고 판매를 늘리기 위해 당신이 직접적으로 할 수 있는 일들에 초점을 맞춰라.

┃ 파트너십을 가져라 ┃

공급업자들은 제시간에 돈을 주는 사람과 거래하기를 좋아한다. 그것은 명백한 사실이다. 공급업자들에게 제시간에 돈을 지급하라. 변명을 하지 마라. 만일 제시간에 돈을 줄 수 없거든 전화를 걸어 사실대로 말하고 그 이유를 설명한 다음, 언제 줄 수 있는지 얘기하라. 그러고 나서는 약속을 지켜라. 공급업자들은 은행원이 아니다. 당신이 부탁도 하지 않은 채 일방적으로 지불 기한을 미뤄버리면 당연히 걱정하게 된다.

고객이 당신에게 화를 내면 안 되는 이유는 그가 당신에게 빚을 졌고, 당신이 그 돈을 원하기 때문이다. 당신이 해야 하는 일의 일부는 수금을 계속하는 것이다. 그렇게 할 때 일의 99%는 끝난다. 당신이 살아가려면 돈을 받아야 한다.

론이 가장 좋아하는, 자신에게 빚진 사람들을 다루는 규칙 가운데 하나를 잊지 않도록 애써라. "당신은 내게 빚을 졌고, 나는 그 돈을 원하므로 당신에게는 화를 낼 권리가 없다."

공급업자들 역시 자기 직원들에게 친절히 대하는 사람들과 거래하기를 선호한다. 당신이 그들의 직원들을 잘 대우해주면 그들은 당신을 존경하고 좋아할 것이다. 공급업자와의 끈끈한 관계는 고객과의 끈끈한 관계만큼이나 당신의 사업에 중요하다.

당신이 끈끈한 관계를 유지하면, 조만간에 공급업자는 당신을 힘겨운 고객 상황에서 구하기 위해 개입할 것이다. 공급업자들을 무시하면 당신이 그들을 가장 필요로 할 때 그들도 당신을 똑같이 대할 것이다. 그들은 정말이지 비즈니스 세계의 친구들이다. 그들을 친구처럼 대하라. 이따금씩 그들이나 그들의 직원들에게 점심을 사라. 당신이 그들과의 관계를 감사하게 생각한다는 사실을 알려라. 충성심을 쌓으려고 노력하라. 그것은 서로에게 이로운 일이다.

직원들을 행복하게 해줘라

항상 공정하게 행동하라. 직원들이 보너스 계획을 알고자 한다면 그들에게 보너스 계획을 제시하고 어떤 식으로 실적을 평가할 것인지 분명하게 알려줘라. 월별로 하든 분기별로 하든 아니면 연도별로 하든 합의에 따라 하라.

신속하게 성과급을 지급하는 것은 중요한 일이다. 많은 훌륭한 직원들이 다른 기회를 찾아 떠나가는 이유는 그들의 경영진이 성과급에 대해 결정을 내리지 못하는 것처럼 보이기 때문이다.

지나친 실적을 요구하여 그들의 성과급을 박탈해서는 안 된다. 일부러 보너스를 주지 않으려고 그들이 할 수 없다고 생각하는 일을 계획하지 마라. 그와 같은 부정은 사기만 갉아먹을 뿐 당신이 원하는 성취와 정반대의 성취를 가져다줄 것이다.

직원들을 대할 때는 공정하게 행동하라. 다시 말하지만 당신을 향한 그들의 충성심이 중요한 이유는, 그것이 고객에게 그대로 반영되기 때문이다. 그러므로 자신이 원하는 만큼 직원들도 그렇게 대우하라. 보너스 계획을 제시할 때는 그들의 처지에서 어느 일정한 선의 정직한 노력을 하면 도달할 수 있는 수준으로 제시하라.

당신은 성과급을 '이 기간이 끝날 때까지 이런 수치에 도달하면 이날에 이만큼의 보너스를 지급한다'고 정할 수 있다. 분명하고 객관적으로 정의된 성과급은 일을 하는 데 동기가 된다. 그런 체계는 당신이 가장 원하는 결과를 가져다줄 것이다.

사업에서 큰 성공을 거두기 위해서는 직원들로 하여금 충성심을 갖게 해야 한다. 충성심을 만드는 방법은, 한편으로는 공정하게 행동하고, 한편으로는 성취 가능한 목표를 설정한 뒤 그것을 성취했을 때 보상해주는 것이다.

공급업자들에 대해서는 어떻게 할까? 당신의 직원들이 공급업자와 얘기를 나눌 때는 그들이 만나는 시점에서 특정 공급업자와 관계를 맺는 셈이다. 따라서 만나는 시점에서의 관계의 질을 높이기 위해 우리는 직원들의 만족 수준을 살피는 '직원 만족지수'를 정하고 있다.

직원 만족지수를 조사하기 위해 2년에 한 번씩 직원들에게 설문지를 돌려, 일에 대한 그들의 만족도를 알아보는 질문을 할 수 있다. 개선 정도를 측정할 수 있도록 설문의 점수를 객관적으로 매길 방법을 마련하기 위해 노력하라. 너무 주관적일 때는 불신이나 편애를 불러일으킬 수 있으므로 미리 직원들과 원형 탁자 회의를 해보는 것도 좋다.

다음과 같은 질문을 던져라.

□ 당신은 허락을 받고 일을 하는가?
□ 당신은 여기에서 일하는 것이 행복한가?
□ 우리가 설정한 목표들은 이룰 수 있는가?
□ 당신은 더 큰 도전을 원하는가?

Action!

직원의 만족도에 대한 설문을 준비하여 실시하라.

질문 목록은 계속 이어질 수 있다. 당신은 이 설문조사를 통해 자신의 회사에 대해 아주 많은 것을 배울 수 있다. 당신이 직원들의 대답에 대해 우호적으로 반응한다면, 그들은 자신들의 의견이 받아들여졌다고 느낌으로써 직원들과의 관계도 더 좋아질 것이다. 또 여기에는 흘려넘겨서는 안 되는 또 하나의 이점이 있다. 당신은 직원들을 더 행복하게 만드는 방법을 알게 될 것이다. 행복해진 직원들은 접촉 시점에서 그 행복을 당신의 공급업자들과 고객들에게 퍼뜨릴 것이다. 예전보다 더 많은 사람들이 당신을 믿게 될 것이다. 그로 인해 당신은 더 많은 것을 성취하게 된다.

완벽한 리더는 없다. 당신 밑에서 일하는 모든 사람들을 항

직원 만족에 관한 비밀 설문조사를 1년에 두 번씩 실시하라. 그렇게 하면 직원들과의 관계를 향상시킬 대책을 강구할 수 있다.

상 기쁘게 해줄 수는 없다. 직원들을 우습게 여기라는 말이 아니다. 당신 밑에서 일하는 사람들에게 끊임없이 동기 부여를 해줄 수는 없다. 당신 밑에서 일하는 모든 사람들에게 항상 감사할 수도 없다. 하지만 여기서 제시한 프로그램을 실행하면 대단히 큰 회사라 할지라도 모든 직원들과 소통할 수 있다.

직원들로 하여금 목소리를 내게 하라. 그러면 그들의 행복은 더 커질 것이고, 고객들과 공급업자들에게도 긍정적인 영향을 미친다. 이때 당신은 직원들의 제안을 듣고 있다는 사실을 그들에게 반드시 보여줘야 한다.

건전한 기업문화를 만들어라

괄목할 만한 성공은 일반적인 성공을 말하는 것이 아니다. 그것은 평범함을 벗어난다. 당신이 지금 읽고 있는 내용은 우리가 믿는, 성공하는 데 꼭 필요한 주요 요인들이다. 이 방안들은 우리가 직접 실천함으로써 그 가치를 이미 증명했다. 시도해보라. 그리고 직접 눈으로 보라.

비즈니스 문화는 당신이 발전시키는 것이며, 다른 사람들이 당신을 어떻게 생각하느냐와 직접적인 관계가 있다. 직원들뿐 아니라 고객들과 관계를 쌓는 데는 돈이 전혀 들지 않는다. 그들에게 문을 열어주고, 그들이 진정 누구인지 알며, 그들의 참된 필요를 듣고 그에 대한 후속 조치를 취하면 되는 것이다.

당신의 주된 목표는 회사 내의 분위기를 만드는 것이다. 만일 생산부가 주문 물량을 제시간에 어떻게든 만들어주겠다고 영업부에 보장해주지 않는다면 당신은 고객들에게 내일까지 배송하겠다고 어떻게 약속할 수 있겠는가? 그것이 바로 내부 보장이다.

당신의 목표는 직원 한 사람 한 사람에게 자기 자신의 일에 대한 자부심을 심어주는 것이다. 당신은 본질적으로 그들에게 자신의 책임과 자기 부서의 업무 수행에 대해 '주인의식을 가지라'고 요구해야 한다.

Action!

직원들의 책임을 검토하고, 그것이 고객에 대한 회사의 약속과 어떤 관련이 있는지 분석하라.

▮ 업계의 리더가 되라 ▮

동료 관계는 공급업자와의 관계와 다르지 않다. 동료들이란 같은 업계에서 일하는 사람들을 말한다. 물론 다른 업계에서 일하는 친구들도 포함된다. 당신은 그들에게서 제품을 공급받을 수도 있고, 그렇지 않을 수도 있지만 지식은 늘 얻을 수 있다. 각각의 사업주들이 서로 다른 서비스나 제품을 취급하기 때문에 동료 관계가 좋으면 때때로 소개의 형식으로 계약을 따기도 한다. 동료들에게 당신의 거래가 정직하고 솔직하다는 점을 알려야 한다. 또한 스스로 하겠다고 한 일은 끝을 본다는 점도 알려야 한다.

당신이 업계를 걱정한다는 사실을 그들에게 보여줘라. 당신이 알아내고 발견한 내용들을 그들에게 숨기지 마라. 동료 관계는 당신이 달리 찾지 못했을 길을 활짝 열어줄 수도 있다. 전 세계적으로 산업 전시회가 그렇게 인기를 끄는 이유 가운데 하나는 거기에 참석하는 사람들이 긍정적인 동료 관계로 인해 이익을 얻는다는 사실을 잘 알기 때문이다. 협회의 단합 대회나 사람들이 모인 산업전시회에 참가함으로써 정보를 서로 교환하라.

Action!

업계를 위해 전국이나 지역 협회에 가입하라.

DL과 론은 그들의 업계 협회인 자동차재생업자협회(ARA)를 통해 만났다. 그들은 정기적으로 얘기를 나누면서 공통점이 많다는 사실을 깨달았고, 귀중한 도움을 놓칠지도 모르는 다른 동료들에게 자신들의 생각을 지면을 통해 나누어줘야겠다고 생각했다.

다른 사람들을 괴롭히거나 우쭐대거나 거짓말을 한다면 좋은 동료 관계가 형성될 수 없다. 당신의 진실함을 보여주고, 업계를 잘 대변하며, 문제에 대해 진짜 해결책을 제시해야 된다. 업계의 협회를 통해 동료들에게 도움을 주어야 한다. 이렇게 함으로써 얻을 수 있다. 잃는 것은 없다.

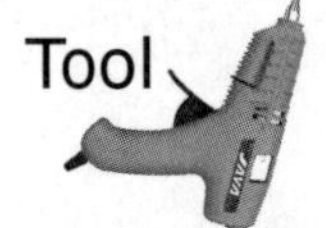

Tool

업계 행사, 특히 산업 전시회 등을 참관하는 일이 사업의 우선 순위가 되어야 한다.

당신은 같은 생각을 하는 사람들과 함께 일함으로써 훨씬 더 성장하게 될 것이다. 당신의 동료들도 당신과 똑같은 문제를 안고 있다. 똑같은 부류의 고객, 더 분명하게는 똑같은 제

품과 서비스를 가지고 있다. 따라서 그들의 충고, 경험, 지혜
는 당신에게 귀중한 도움이 된다. 때때로 동료들에게서 회사
의 발전을 위해 무엇을 해야 할지 배울 수 없어도 무엇을 하지
말아야 할지는 배울 수 있다.

당신이 평판이 좋지 않고, 믿음이 가지 않으며, 정직하지 않
고, 게다가 공정하지도 않은데 그들이 그런 정보들을 당신에
게 알려줄 거라 생각하는가? 그렇지 않다.

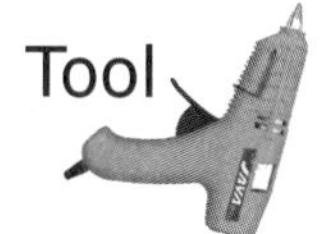

동료들에게서 회사를
발전시키기 위해
무엇을 해야 할지는
배울 수 없어도
무엇을 하지 말아야
할지는 분명히
배울 수 있다.

| 진실하게 행동하라 |

당신의 집 뒷마당에 연못이 있다고 치자. 그것은 보기에도
아름다운 멋진 연못이고 그 안에 물고기들도 산다. 당신이 세
금을 내지 않으면 연못에 악어 한 마리가 생긴다. 당신이 배우
자를 속이면 연못에 악어 한 마리가 생긴다. 당신이 동료에게
거짓말을 하면 연못에 악어 한 마리가 생긴다.

완벽한 사람이란 없으므로 누구나 이따금씩 자기 연못에 악
어가 한 마리씩 생긴다. 악어들의 크기는 별 문제가 되지 않는
다. 악어들이 얼마나 많으냐가 모든 차이를 낳는다. 악어들이
지나치게 많으면 연못은 위험한 장소가 된다. 아무도 거기에
가까이 가려 하지 않는다. 아름다움도 잃게 된다. 결국, 악어
들의 수가 많아지면 그 중 한 마리가 밖으로 뛰쳐나와 당신을

물고 연못으로 끌고 들어갈 것이다.

당신의 연못이 정말로 깨끗하다면 멋진 일이 아니겠는가? 처신을 잘하라. 도덕적인 원칙에 따르고, 정직하게 거래하며, 공정하게 판단하고, 반드시 세금을 내라. 뒷마당 연못 속에 있는 악어를 모두 없앨 수는 없겠지만, 그 수는 통제할 수 있다.

간단한 네 가지 단계

론은 어려움은 한꺼번에 찾아온다고 생각한다. 좋든 나쁘든, 운 같은 것은 없다. 우리는 모두 인생에서 폭풍을 만난다. 어떤 사람들은 다른 사람들보다 폭풍을 잘 헤쳐나간다. 당신이 열심히 일하고 정직하게 행동한다면, 폭풍이 다가올 때 돈과 친구와 기타 자원들이 항상 당신을 끝까지 도와준다는 사실을 깨닫게 된다.

어려움이 생겼을 때 당신을 도와주는 것은 당신이 살아오면서 그동안 관계를 맺은 가족, 친구, 돈, 동료 등이다. 당신이 도덕적 원칙을 바탕으로 땅에 굳건히 서 있고, 건전한 사업 관계를 키워나가고 있다면 어떤 폭풍이 다가와도 헤쳐나갈 수 있다.

당신이 이 책을 읽을 무렵에는 회사를 발전시킬 준비가 되어 있기를 바란다. 만일 그렇다면 당신은 자신의 사업에서 기넘비적인 이정표를 통과했을 것이다.

론은 사업을 성장, 향상, 재건하는 데에는 4가지 간단한 단계가 있다고 말한다. 그는 당신의 경쟁자들 대부분이 그것을 알지 못한다고 믿고 있다. 론이 말하는 첫 번째 단계는 자신에게 문제가 있음을 인정하는 것이다. 당신은 개선의 여지가 있음을 알아야 한다. 그 지점에서 대부분의 사람들이 넘어진다. 일단 문제를 인정했다면 두 번째 단계는 그것을 좀더 주의 깊게 알아내는 것이다. 그 다음에는 당신이 규명한 문제들을 처리할 계획을 세워라. 하지만 네 번째이자 가장 어려운 단계가 아직 당신 앞에 있다. 바로 계획의 실행이다. 이 부분이 무척 고통스러울 수 있는 이유는 엄청난 양의 새로운 훈련이 요구되기 때문이다. 당신은 이미 도달한 지점을 넘어서야 하므로 전혀 새로운 영역의 문제들을 다루게 될 것이다.

▌계산된 모험을 하라 ▌

당신은 기꺼이 모험을 할 것인가? 당신이 더 높은 수입에 이르거나 더 많은 것을 얻기 위해 스스로 변화하고 싶다면 모험을 해야 한다. 당신이 평범함을 원치 않는다면, 편안한 길만 찾지 않는다면 각 단계마다 모험에 맞딱뜨리게 될 것이다. 모험을 그만두면 평범하게 살아갈 것이다.

당신은 자신의 사업을 하면서 일어나는, 또는 일어나지 않는 모든 일에 책임이 있다. 당신이 하는 모험은 당신의 몫으로 떨어지는 수익을 결정하게 되는데, 이러한 모험에는 두 가지가 있다. 하나는 어리석은 모험으로, 생각이 없거나 조심하지 않는 경솔함이 특징이다. 어리석은 모험을 하는 사람은 경고를 무시해버리기 때문에 일찍 끝장날 수 있다. 혹자들은 그것을 두고 "운이 나빴다"고 하지만 우리는 그렇게 말하지 않는다.

다른 하나는 계산된 모험으로, 늘 수치를 고려하며 생각과 조사와 계획이 맞물려 움직인다. 지혜롭게 모험을 하는 사람은 행동하기 전에 자신이 무엇을 얻을 수 있는지 미리 알고 시작하며, 중도에 포기하지 않도록 모든 측면들을 꼼꼼하게 챙긴다. 그는 뛰어난 운동 선수이다. 혹자들은 그를 두고 "운이 좋았다"고 하지만 우리는 그렇게 말하지 않는다.

우리의 상상 속에 나오는 조는 자신의 비즈니스 벤처에서 어리석은 모험을 하는 습관에 점점 더 빠져들었다. 조에게 성공은 도박쯤으로 여겨져 가끔가다 "제기랄, 내가 운이 좋을 리 없지"라고 말했다. 어떤 때는 '어쩌면 오늘은' 운이 좋을 것이라고 믿기도 한다. 이 불쌍한 남자는 빈약하기 그지없는 처음의 판단과 선택에 눈이 멀어 있었으며, 참된 직업 정신도 가지고 있지 않다. 그는 매순간, 특히 상황이 어려워질 때마다 도망가기 바쁘다.

한편, 빌은 좋은 습관을 길렀다. 그는 도박사가 아니기 때문

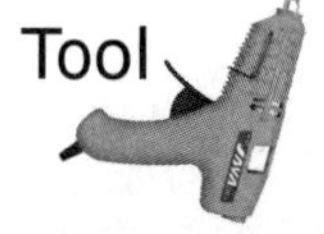

Tool

지혜로운 모험을 하는 사람은 실천하기 전에 자기 행동이 낳을 결과들을 다각도로 고려한다.

에 운을 믿지 않았으며, 그만큼 모든 일을 계획했다. 때때로 그는 위험한 상황에 빠져들긴 하지만 그것이 곧 나아질 것임을 잘 알고 있다. 정말 얼마 뒤에는 그곳에서 빠져나왔고 조금의 자존심 외에는 아무것도 잃지 않았다. 하지만 그때도 그는 "다시는 그렇게 하지 않겠다"는 지혜를 얻고 스스로를 믿었다.

이렇듯 빌은 자신의 실수를 통해 배우는 반면 조는 그렇지 못했다. 또한 한 사람은 어리석은 모험을 했고, 다른 한 사람은 계산된 모험을 했다. 물론 모험을 하는 사람들 중에는 철저히 어리석은 사람에서부터 지나치게 조심스런 사람까지 온갖 유형이 있다.

지혜로운 모험에는 사전 준비가 필요한데, 올바른 판단을 내리려면 운영 수치를 이용해야 한다. 당신이 취할 행동들에 대해 추측하거나 어림잡아서는 안 된다. 지혜로운 모험을 하는 사람들은 미리 계획을 세우는 신중한 사색가들이다. 그렇다고 계획 단계에만 머무르는 것은 아니다. 그들은 그 모험에서 얻을 수 있는 잠재적인 이익을 볼 수 있기 때문에 선창에서 내려와 수영을 하러간다.

'계획'이란 어떤 것이 가치 있는지 없는지를 마음속으로 계산하는 일이다. 지혜로운 모험을 하는 사람들은 가능성을 재고, 길을 표시하고, 도주로를 마련해놓는다. 뿐만 아니라 상황에 대한 분석을 마쳤기 때문에 좀처럼 같은 실수를 되풀이하지 않는다.

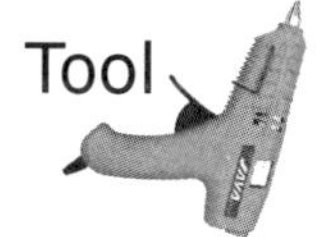

Tool

성공한 사람들은 실수를 통해 배운다. 비결은 실수를 되풀이하지 않는 데 있다.

┃장애를 예측하고 극복하라┃

당신 앞에 장애물이 나타날까? 우리는 조금도 주저하지 않고 이미 나타났다고 말할 수 있다. 매우 높은 비율에 해당하는 신생 소기업들이 사업 첫 해에 실패를 겪는다. 만일 당신이 처음 3, 4년을 운 좋게 넘겼다면 이 책을 통해 당신에게 전하려고 하는 내용의 가치를 이미 발견했을 것이다. 하지만 우리의 목표는 당신으로 하여금 한 걸음 더 내딛게 하는 데 있다. 우리는 당신이 괄목할 만한 성공을 거두길 원한다.

우리는 장애물을 뛰어넘는 능력이 습관의 문제이기도 하고, 마음의 문제이기도 하다고 믿는다. 당신은 교육과 훈련, 그리고 관리를 통해 마음을 강하게 하고 습관을 튼튼히 해야 한다.

이해를 돕기 위해 교육과 훈련, 관리가 당신의 차에 탄 승객들이라고 가정해보자. 당신의 차는 당신의 사업이고, 차 주인인 당신은 그들을 태우고 성공이라는 길을 달려가고 있다. 속도를 정하는 사람은 운전자인 당신이다. 만일 당신이 주의를 기울이지 않으면 충돌 사고가 날 수도 있다.

당신은 도로에서 장애물을 만나면 어떻게 하는가? 두려움에 떠는가? 그냥 멈추는가? 되돌아가는가? 아니면 장애물을 돌아갈 길을 찾는가? 당신은 교육과 훈련, 관리가 장애물을 돌아갈 길을 찾는 데 도움이 된다는 사실을 알게 될 것이다.

당신이 지금까지 이 책을 계속 읽었다면 경고 신호를 점검

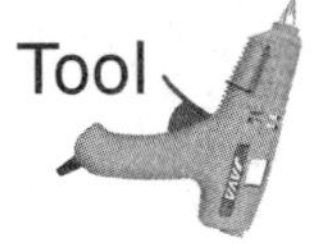

Tool

교육과 자기 훈련,
뛰어난 관리로 사업
습관을 튼튼하게
만듦으로써 장애를
극복하는 능력을
강화시켜라.

하고 있을 것이므로 장애물 때문에 깜짝 놀랄 일은 별로 없을 것이다. 뿐만 아니라 당신을 멈추게 할 장애물도 별로 없을 것이며, 장애물을 바라보는 순간에도 당신은 극복이나 해체가 불가능할 만큼 견고한 것으로 여기지 않을 것이다. 당신의 기어는 성공을 향하고 있다. 당신은 해결책을 찾는다.

장애를 극복하는 기술은 직원의 학업 성적증명서와 같지 않다. 기술은 위에서 아래로 내려온다. 당신이 운전자라는 사실을 기억하라. 당신 밑에서 일하는 사람들은 장애물이 나타나면 모두 당신을 쳐다볼 것이다. 직원들이 당신을 도울 수는 있지만 당신 자신이 이 상황에 더 큰 영향을 미친다.

귀중하기 이를 데 없는 것! 당신이 그 사실을 잊지 않기를 바란다. 직원들이 당신에게 존경과 감탄, 헌신의 마음을 품는다면 고객들도 그럴 것이다. 왜일까? 직원들은 판매 시점에서 당신을 대표하기 때문이다.

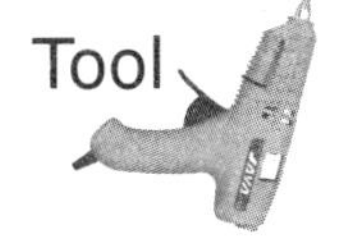

Tool

장애를 극복하는 기술은 경영진의 꼭대기에서부터 아래로 흘러 내려온다. 당신이 소유주라면 당신부터 시작하라.

┃ 전략적으로 사고하라 ┃

당신이 함께 일하고 어울릴 사람들에 대해, 그리고 당신이 봉사할 사람들에 대해 미리 생각하라. 즉, 당신이 고려하는 온갖 주요한 결정들의 장·단기 효과나 결과를 자문해보라는 뜻이다. 전략적 사고는 훈련하면 할수록 느는 하나의 습관이므로, 실행 여부에 따라 당신의 자산이 될 수 있다.

성장을 불러일으키는 상황 속에 자신을 내던짐으로써 전략적인 사고를 연습하라. 주어진 상황이 당신의 개인적인 기질이라는 평온한 지역을 침범할 때마다 당신은 좋은 방향으로 조금씩 성장해왔다. 협상은 결코 편안하지 않다. 하지만 연습되어진 협상은 크게 재미있다고 할 수는 없어도, 예상 외로 쉽게 이루어진다.

그 도전에 스스로 뛰어들어라. 그리고 과감하게 맞서라. 일어서서, 실제로 청중들을 붙들고 있는 것이 무엇인지, 왜 그런지를 당신 스스로 판단할 수 있는지 살펴보라. 당신은 눈 맞춤 속에 답이 숨어 있음을 알게 될 것이다. 이것은 대중 연설에도 해당하고, 협상에도 해당한다. 어느 시점에서 당신은 눈 맞춤 덕에 청중들의 마음을 끌게 되는데, 이유는 당신이 정말로 주의를 기울이고 있다는 사실이 눈 맞춤을 통해 그 사람들에게 전달되기 때문이다.

놓아주지 마라. 눈 맞춤을 계속하라. 이것을 연습하면 얼마 뒤에는 메모가 별로 필요 없음을 알게 될 것이다. 연설이나 대화의 방향은 당신의 이야기를 듣고 있는 청중들을 고려하여 결정한다.

론이 전략적 사고의 가치를 깨우친 계기는 '미국 자동차재생업자 그룹(United Recyclers Group)'에서였다. 그 그룹은 론과 몇몇 친구들이 자원을 공동으로 이용하고 업계의 화제들에

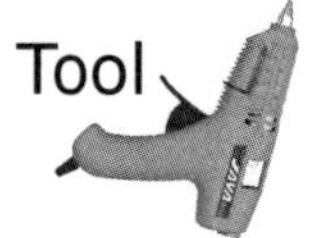

Tool

배우자나 거울 앞에서 대중 연설을 연습하라. 그리고 엉뚱한 방향으로 나가지 않도록 메모하라.

대해 의견을 나누기 위해 만든, 300명이 넘는 자동차 재생업자들이 모인 합자회사다. 그 그룹에 참여한 대다수 경영자들은 몇 년 간의 사업 운영 경험에서보다 그곳에서 더 많은 전략적 사고에 대해 배웠다고 말했다. 그들은 그 조직에 참여할 때까지 전략적 사고가 무엇을 의미하는지도 몰랐다고 했다. 론 역시 조직에 참여함으로써 자신의 사업과 업계의 상황에 대해 더 높은 수준의 사고를 하게 되었다.

'전략적 사고'란 당신이 현재 하고 있는 활동의 결과에 대해 심사숙고하는 것을 의미한다. "내가 지금 하고 있는 일의 결과가 어떻게 나타날까?", "그 결정의 결과로 무슨 일이 일어날까?"라고 스스로에게 물어보는 것이다.

우리는 지금 자신이 하려는 행동이 어떤 결과를 가져올지 고려하지 않는 경우가 매우 많다. 즉 너무나 자주 눈앞의 이익, 눈앞의 만족, 눈앞의 결과만을 생각하는 경향이 있다. "내가 지금 무엇을 얻을 수 있을까?"라는 고민에만 빠져 멀리 내다보지 못하는 잘못을 저지른다.

소규모 회사의 기업가들은 결정을 때릴 때 이따금 지나치게 감정에 치우쳐 판단하는 경향이 있다. 또한 경쟁자들과의 문제에 관해서는 과잉 반응을 보인다. 론에게는 유리한 이익과 불리한 위험을 저울질하는 원칙이 있다. 먼저 마음속으로 숙고하고 있는 결정이나 행동의 목표를 정의한다. 정의를 내릴 수 없다면 그 결정이나 행동을 실행하기 위해 노력하거나 위

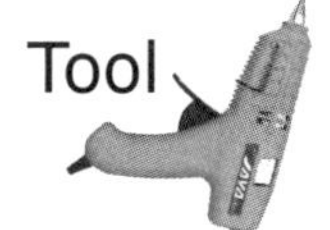

행동하기에 앞서 생각하기를 연습하라. 전략적 사고를 습관화하면 사업에서도 개인적인 삶에서도 커다란 이익을 실현할 수 있다.

험을 감수할 만한 가치가 없게 된다. 진정 유리한 면은 무엇인가? 불리한 면은 무엇인가? 잠시 멈춰 모든 것을 정의해본다면 당신의 결정은 대체로 쉬워진다.

더욱 많은 경영자들이 행동하기 전에 결과를 예측하는 모습을 띠었으면 싶다. 사업에는 만만한 것이 하나도 없다. 더 만들어내지 않더라도 사업의 세계에서 성공을 가로막는 장애물들은 충분하다. 사업은 심각한 게임인 만큼 모든 결정들에 대해서 신중하게 생각해야 한다.

▎자신이 내린 결정을 평가하라 ▎

결정을 평가하고 영향력을 측정하면 좋은 사업 습관이 생긴다. 만일 그렇게 하지 않으면 나쁜 습관들이 당신을 지배하도록 허락하는 셈이 된다.

우리는 전략적 사고를 배우는 일의 중요성을 어떻게 보여줄 수 있을까 고민하다가 간단한 프로그램을 만들어냈다. 시도해보라. 물론 당신은 아무것도 잃지 않고 모든 것을 얻게 된다.

제일 먼저, 당신이 하루 동안 내리는 결정들에 대해 스스로 의식하라. 당신이 내리는 결정들이 입에서 나와 실현되는 모습을 지켜보는 일에 초점을 맞춰라. 그리고 당신이 할 수 있는 최선의 행위 가운데 하나는 임박한 결정에 대해 당신이 취할 행동의 인과관계를 생각해보는 것이다. 예를 들어, 어떤 고객이 훔친 신용카드를 이용하여 당신을 성공적으로 속인 적이 있다는 이유로 다른 고객에게 신용카드를 받지 않는다면 그 결과는 어떨까? 당신은 자신을 보호하기보다 오히려 더 많은 것을 잃게 된다. 당신이 신용카드를 받지 않겠다고 결정함으로써 물건을 사지 못하는 고객들이 생길 것이 뻔하기 때문이다. 그 결정의 대가를 신중히 생각해보라. 카드를 받지 않으면 더 많은 돈을 잃을지도 모른다. 따라서 당신은 한 번의 불쾌한 거래에서 벗어나 큰 그림을 보아야 한다.

당신이 친척이나 인척을 채용한다는 또 하나의 전형적인 시나리오에서는 어떤 결과가 나올까? 기술도 없는 어떤 여성이 일자리가 필요한데, 당신은 동정심을 느껴서 도와주고 싶어한다. 그 결과는 어떨까? 당신에게 그녀를 교육시킬 만한 시간적 여유가 있을까? 또 그 결과는 어떨까? 그녀에게서 배우겠다는 의지와 바람의 기미가 보이는가? 그렇다면 결과는 어떻게 나올까?

이런 질문들은 습관이 될 때까지 스스로에게 묻고 또 물어야 한다. 우리가 이런 시나리오들을 자세히 제시하는 이유는 당신이 날마다 내리는 결정들이 얼마나 다양한지를 보여주기 위해서다.

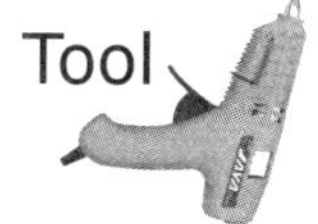

먼저 결정의 바탕이 되는 목표를 정하라. 그 다음 잠재적 비용이나 보상을 판단하기 위해 유리한 면과 불리한 면을 각각 살펴라.

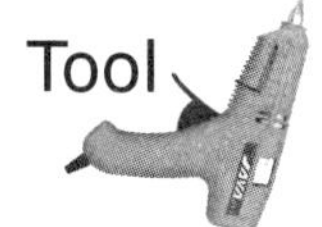

결과를 즉각적으로 고려하라. 크든 작든 모든 사업적 결정을 내리기 전에 인과 관계를 생각하라.

▌용기 있는 리더가 되라 ▌

성공적인 사업주가 되려면 리더십이 필요하며, 훌륭한 리더들은 아주 건실한 사업 수익을 키운다. 그러나 당신이 타고난 리더가 아니라면 어떻게 훌륭한 리더가 될 수 있을까? 이런 자질을 후천적으로 얻을 수 있을까? 두말하면 잔소리다.

훌륭한 리더라고 생각되는 사람들을 지켜보라. 가능하다면 그들 밑에 들어가 잠시라도 경험을 쌓아라. 어쩌면 당신을 자신의 고문단 자리에 앉힐지도 모른다.

리더를 필요로 하는 데에는 이유가 있다. 리더가 없다면 대부분의 직원들은 방향 없이 내키는 대로 일을 하며, 목표를 세우거나 성과를 내지 못한다. 만일 그룹 내의 어떤 사람이 리더가 되기로 결심했거나 직원들에 의해 리더로 임명되었다면 물론 그런 일은 일어나지 않을 것이다.

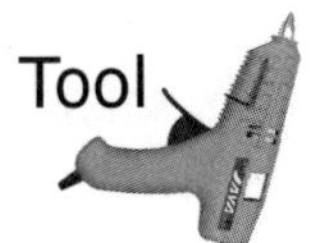

위대한 리더들의 자질을 연구하라. 그러면 그들의 속성들을 받아들이게 될 것이다.

어느 나라든 대부분의 시민들은 추종자들로 구성되어 있다. 리더로 태어나거나 리더로 선택되는 사람은 별로 없다. 하지만 당신이 혼자 힘으로 사업을 하고 성공을 기대한다면 조만간 리더가 되어야 한다.

사람들은 강한 리더들이 이끌어주는 것을 무척 선호한다. 강한 리더들이라고 해서 반드시 독재자나 전제군주여야 한다는 뜻은 아니다. 우리가 말하는 강한 리더란 바로 용기를 가진 장군이다.

┃ 리더십을 배워라 ┃

리더는 필요한 걸음보다 한 걸음 더 나아가려는 의지뿐 아니라 목표 달성을 위해 희생하려는 의지도 보여준다. 좋은 리더는 그 어떤 부하보다도 일찍 출근하고 늦게 퇴근하면서 더 열심히 일한다. 또한 결과를 예상하기 때문에 과정의 어려움이나 가능성에 미리 겁내지 않는다. 리더는 마음이 흔들리지 않고 집중되어 있으며, 깜짝 놀랄 일들을 단순히 과정의 일부로 받아들인다. 위대한 리더는 깜짝 놀랄 일들이 내재하고 있는 길을 예상하기 때문에 어떤 일이 일어나도 결코 흔들리지 않는다. 대신 그는 창의적이면서도 용기 있게, 그리고 동정심을 품고 반응하며, 도전에 맞서는 데 필요한 모든 것을 자기 내부에서 발견한다.

리더는 자기와 개성이 다른 사람들과 함께 일하는 법, 또 그들의 재능을 보고 그것을 공동의 목표에 접목하는 법을 배운다. 또한 정선된 목표를 달성할 때 얻게 되는 상호 이익에 대해 일깨워줌으로써 격려하는 법을 배운다. 그가 다른 사람들에게서 최고의 능력을 이끌어낼 수 있는 이유는 본질적으로 그들을 이해하기 때문이다. 또 그가 그들을 이해할 수 있는 이유는 십중팔구 그렇게 하는 법을 배우기 위해 열심히 노력했기 때문이다.

위에 나오는 중요한 동사, 즉 '배우다'를 놓치지 않길 바란

Action!

적어도 두 달에
한 권씩은 비즈니스
관련 책을 읽어라.

다. 처음부터 모든 능력을 갖추고 있는 사람은 별로 없다. 리더십은 배우는 것이다. 물론 리더십은 이 책의 논제가 아니다. 그것은 그 자체로 한 권의 책이 필요하다. 그런데도 여기에서 리더십에 대해 말하는 이유는, 리더십이 없고서는 성공을 향한 당신의 시도가 이루어질 수 없기 때문이다. 당신은 위임하는 법을 '배워야' 한다. 당신은 고용된 사람들을 격려하고, 지적하고, 칭찬하고, 뒷받침하고, 도와서 그들이 승선했을 때보다 더 나아지게 만드는 법을 '배워야' 한다. 당신은 인내심뿐 아니라 업계에서 그 누구보다도 많은 지식이 필요한데, 만일 당신에게 이러한 것들이 없다면 얻는 방법을 '배워야' 한다.

다른 리더들을 살펴보라. 좋은 리더들이라고 믿는 사람들을 보고, 그들은 실천하지만 당신은 하지 않는 일이 무엇인지 자문해보라. 과연 그들은 실천하지만 추종자들은 하지 않는 일은 무엇일까? 당신은 그들이 조직적이고, 잘 훈련되었으며, 철저하다는 사실을 알게 될 것이다. 또한 그들에게 인내하는 태도와 상식, 그리고 추진력이 있음을 알게 될 것이다.

▎진정한 리더로 다시 태어나라 ▎

당신은 스스로를 어떻게 도울 수 있는가? 우리는 리더십이 후천적인 자질이라고 지적했다. 당신이 스스로를 돕지 않으면 아무도 당신을 대신하여 그 일을 해주지 않는다.

자신을 돕는 방법은 당신 스스로 취약한 분야의 답을 찾는 데 있다. 취약한 분야에 대해 공부하라. 온전히 이해하지 못한다고 느껴지는 분야의 책을 읽는 것에서부터 시작하라. 약점을 왜 그대로 두는가? 그것을 극복하라.

당신이 자신의 약점을 스스로 극복하지 않는다면 어느 누구도 당신을 대신해 그것을 극복해주지 않는다. 또한 당신이 하는 모든 일에 약점이 그대로 담기고 드러날 것이다. 때로는 결정적인 그 시점에 바로 약점에 걸려 넘어질 수도 있다. 그렇다면 처음부터 당신이 알고 있는 자신의 약점들을 보완하기 위해 애써야 하지 않겠는가?

학위가 필요할까? 당신이 원할 때까지는 필요 없다. 학위를 따야 원하는 수준의 이해나 성취에 이를 수 있다고 생각하면 당장 가서 학위에 도전하라. DL의 경우, 아버지가 그에게 학위가 있어야 회사 경영진에 들어올 수 있다고 말함으로써 학위 취득을 간접적으로 권했다. 하지만 학위는 그의 아버지가 DL에게 원한 개인적인 소망이 아니라, 회사를 앞으로 이끌고 나갈 수 있는 지구력과 추진력이 있다는 사실을 증명하기 위한 하나의 수단이었다. 또한 DL은 아버지의 멘토링 밑에서 학위를 취득하면서, 어떤 어려움도 이겨낼 수 있다는 높은 수준의 자신감을 얻었다. 결과적으로 DL에게 학위는 그에게 지식뿐 아니라 4대째 이어지는 사업을 새로운 수준의 성공으로 이끌 자신감과 불굴의 정신을 심어주었다.

물론 당신은 학위를 원하지 않을 수도 있고, 독학을 하기 때문에 학위가 필요 없을지도 모른다. 토마스 에디슨은 교육을 받지 않았다. 하워드 휴즈(Howard Hughes, 미국 TWA 항공사의 설립자 - 옮긴이)는 중학교 2학년까지만 교육을 받았다. 헨리 포드는 초등학교 6학년을 채 마치지 못했지만, V-8 자동차 엔진을 만든 창의적인 설립자다. 어떻게 그럴 수 있었을까? 엔지니어들에게 만들라고 했던 것이다. 엔지니어들은 불가능하다고 했지만, 그는 "그냥 해내게들"이라고 말했다. 그들은 처음으로 돌아가 머리를 짜보고 다시 돌아와 할 수 없다고 말했다. 이에 헨리 포드는 "나는 할 수 있다, 할 수 없다에 대해 말한 게 아닐세. 나는 '해내라' 고 했네"라고 대답했다. 그 결과 그들은 해냈고, 오늘날 많은 차들이 V-8 엔진을 장착하고 있다.

우리는 이처럼 공식적인 학위가 전혀 없는 사람들이 위대하고 의미 있는 일들을 해내는 모습을 종종 본다. 오늘날 세계는 이와 같은 예들로 가득하다. 이런 개인들은 모두 위대한 업적을 성취한 사람들이고, 이들은 모두 공통된 자질을 갖고 있다. 즉 그들은 할 수 있다고 믿었고, 자신들이 하고 싶은 일에 대한 비전이 있었으며, 그 비전을 결코 포기하지 않았다. 또한 다른 사람보다 몇 배로 더 열심히 일했으며, 어떤 해결책이 나올 때까지 초점을 유지했다.

우리는 지금 너무나 진지하게 당신이 처한 현재의 상황을 개선할 수 있다고 주장한다. 당신의 마음속에 있는 한계 외에는 아무런 장애물이 없지 않은가!

힘을 내라! 일어서서 머리를 맑게 하고 계획서를 내려놓은 뒤 실행에 옮겨라. 할 수 있다고 믿어라. 당신이 성취하겠다고 머리와 마음속에 새긴 일들을 모두 해낼 수 있다고 믿어라. 포기하지 않는다면, 해답을 찾는다면, 그리고 방법을 '배운다면' 틀림없이 할 수 있다.

무엇이든 배울 수 있다는 점을 받아들여라. 하지만 어느 누구도 그것을 대신해줄 수는 없다. 모두 당신에게 달려 있다.

▎열심히, 지혜롭게 일하라 ▎

DL은 대학에서보다 직원, 친구, 고객, 동료들에게서 실제 생활과 사업의 문제들을 해결하는 방법에 대해 더 많이 배웠다고 말한다. 그렇다. 그는 고등교육을 통해 가치를 얻었고, 학교에서 배운 여러 교훈들을 오늘날에도 적용하고 있다. 하지만 참된 배움은 문제를 숙고하고, 처리하고, 해결책을 찾을 때까지 계속해서 노력하는 일터에서의 경험에서 나온다. 따라서 문제의 원인과 해결책을 찾는 데 당신에게 가장 큰 도움을 주는 자원은 아마 주변에 있는 사람들일 것이다.

론은 자신에게 해결책이 있다고 생각할 때조차도 매니저들

앞에 그 문제를 내놓는다. 그리고 그들에게 자신을 불필요한 실수에서 구원해줄 아이디어와 조언을 구한다. 론은 중요한 프로젝트에 대해서는 의견일치를 봐야 하며, 독재자가 되어서는 안 된다고 믿고 있다. 그는 정말 성취를 아는 사람이다. 당신도 그의 접근방식을 흉내내라.

론은 성취와 성공을 실현하는 데에는 형식적인 교육보다 직업 정신과 야망이 더 중요하다고 주장한다. 정말이지 그것은 개인적인 선호의 문제다.

론과 DL은 그 어떤 것도 상황을 개선하려는 당신의 노력을 막을 수 없다고 말한다. 자신에게서 출발하여, 당신의 약한 부분이 유독 강한 사람에게서 배우고 힘을 얻은 뒤 고쳐라.

한 사람은 끝까지 학교를 마침으로써 불굴의 정신을 얻었다. 다른 한 사람은 다른 누구보다 일찍 출근하고 늦게까지 일함으로써 불굴의 정신을 배웠다. 그들은 모두 똑같은 말을 하고 있다. "열심히 일하라! 그것이 성공의 열쇠다."

훨씬 더 나은 방법은 지혜롭게 일하는 것이다. 열심히 일하면서 계속 생각하라. 당신이 지금 하고 있는 일을 연구하라. 그 일을 더 잘할 수 있는 방법들을 찾아라. 당신이 아직 할 수 없는 일을 다른 사람들은 어떻게 하고 있는지 살펴보라. 관찰한 것을 자신의 일에 적용하라. 장·단점을 묻는 질문들을 통해 당신의 결정이 지혜로운지 시험하라. 그럼 당신은 반드시 성장하고 변화할 것이다. 또한 사업에서 더 강해지고 용감해

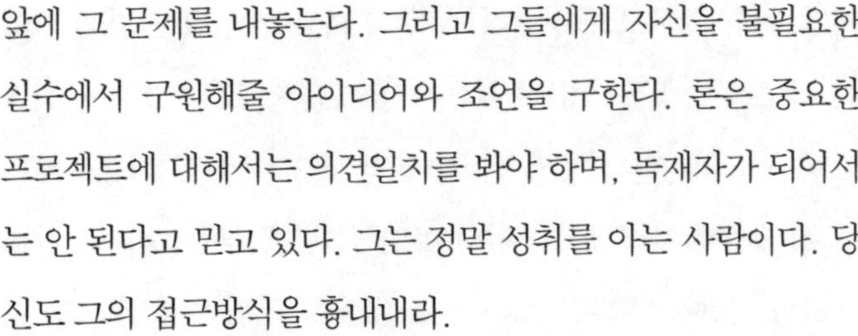

Tool

직원들로 하여금 자신의 의견을 말하게 하라. 그 의견 뒤에 있는 진실로부터 많은 혜택을 얻을 것이다.

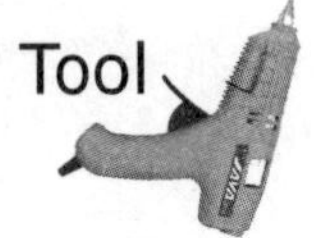

Tool

이 책에 제시한 단 한 줄의 지식이라도 당신이 실생활에 적용하지 않는다면 아무런 도움이 되지 않는다.

지고 똑똑해질 것이며, 어느 날 몰라 보게 성공한 자신의 모습을 발견하게 될 것이다.

▌세상에 나가 성공을 찾아라 ▌

이 책의 목적은 성공을 거두기 위해서 스스로를 향상시키는 방법을 보여주는 데 있다. 하지만 당신은 스스로의 힘으로 직업 정신을 키워야 한다. 그렇게 하고자 하는 야망은 당신에게서 나오며, 아무도 당신을 대신해 그것을 해줄 수 없다.

만일 이 책에서 자그마해도 유용한 조언을 얻었다면 이 책을 사는 데 쓴 돈이 아깝지는 않으리라고 본다. 당신이 성공에 이르기 위해서는 다른 자원들을 통해 얻은 정보와 이 책에서 배운 모든 지식들을 투입해야 한다.

사업을 하거나 더 많은 수익을 원하는 사람들의 대부분은 세미나에 참가하거나 동기 부여 강사들의 강연을 들으러 모임에 간 적이 있을 것이다. 그리고 세미나나 모임이 정말로 유익했다고 주장할 것이다. 그들은 세미나나 모임을 통해 동기를 발견하고, 강사가 전하는 메시지에서 힘을 얻으며, 실제로 많은 사람들이 한동안은 더 잘하기도 한다. 하지만 그들은 다시 나쁜 습관, 게으른 생활, 부족한 비전 속으로 빠져들며, 곧이어 실적도 뚝 떨어지고 만다. 다시 진흙창에 빠지고, 어떤 이들은 영원히 빠져나올 수 없는 듯해보인다.

이는 우리가 왜 업계 행사에 참여해야 하는지, 왜 동기 부여 세미나에 가고 동기 부여 강사들이 쓴 책들을 읽어야 하는지 그 이유를 제시한다. 그것을 직업 정신의 재활성화라 부르든 재충전이라 부르든, 아니면 초점으로의 회귀라 부르든 당신 마음대로 해라. 하지만 반드시 실천해라.

당신이 기본적으로 스스로 출발할 수 있는 사람이 아니라면 꿈이라는 당신의 탱크가 말랐을 때 다시 채워줘야 한다. 당신이 정기적으로 채우지 않으면 이내 말라버릴 것이다.

모든 업계 행사에서는 동기 부여 강사들을 초빙한다. 그 강사들이 우리의 사업 방식에 기여하는 무언가가 없다면 기용되거나 순회를 다니지 못했을 것이라고 본다. 그러니 직접 그들의 애기를 들어보라. 그들의 말을 받아들이고 당신이 적용할 수 있는 것이 무엇인지 찾아보라. 위험한 것이나 해로운 것, 또는 불리한 것은 없다. 모두 좋은 일일 뿐이다.

모든 문제는 한 바퀴 돌아서 제자리로 돌아온다. 그렇지 않은가? 문제는 당신이 인내하는 태도를 선택하느냐 마느냐, 열정을 찾느냐 마느냐로 되돌아온다. 그것은 순전히 당신의 몫으로, 아무도 당신을 대신해 선택해줄 수 없다. 당신이 선택해야 하는 것이다.

현재의 위치에서 출발하라. 의자에서 내려와, 당신의 사업을 새로운 차원으로 이끌 변화에 필요한 기술들을 습득하라.

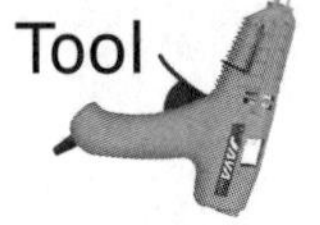

성공을 위한 열정을 찾을 수 있는 유일한 사람은 바로 당신이다. 아무도 당신을 대신해 그 일을 해줄 수 없고, 또 해주지도 않는다.

그 기술들이 당신을 찾아오거나 당신에게 상속되는 일은 없다. 당신이 그것들을 찾아 습득해야 한다.

성공을 거두려면 누구나 노력해야 하고, 평범함을 뛰어넘은 사람은 열심히 일해서 그렇게 되었다는 사실을 잊지 마라.

운 따위는 없다. 운이라는 것을 마음속에서 지워버려라. 성공한 사람은 '그냥 운이 좋을 뿐'이라고 생각한다면 당신은 스스로를 속이고 있는 것이다. 신발 끈을 고쳐매라. 그리고 세상에 나가 성공을 찾아라.

성공한 사장의 노하우를 훔쳐라

초판 1쇄 인쇄 __ 2004년 5월 10일
초판 1쇄 발행 __ 2004년 5월 20일

지은이 __ 론 스털전, D.L. 피츠 패트릭
펴낸이 __ 박종홍
펴낸곳 __ 이코북
　　　　주소 / 서울시 마포구 동교동 158-24 혜원빌딩 4층(등록 제10-2551호)
　　　　대표전화 / 02) 335-6936
　　　　팩스 / 02) 335-0550
　　　　이메일 / ecobook@msn.com
본문 편집 · 디자인 __ 襄·柳·書·家 아름다운 집

값은 표지 뒷면에 표기되어 있습니다.
잘못된 책은 구입하신 서점에서 바꿔드립니다.

ISBN 89-90856-06-X(03320)